U0695500

高校青年教师专业发展能力提升研究

栾兆云◎著

新华出版社

图书在版编目（CIP）数据

高校青年教师专业发展能力提升研究 / 栾兆云著.

北京 ： 新华出版社，2024.5.

ISBN 978-7-5166-7408-6

Ⅰ．G645.12

中国国家版本馆 CIP 数据核字第 20245LS637 号

高校青年教师专业发展能力提升研究

著者：栾兆云

出版发行：新华出版社有限责任公司

（北京市石景山区京原路 8 号　邮编：100040）

印刷：北京四海锦诚印刷技术有限公司

成品尺寸：185mm×260mm　1/16　　　印张：10.75　字数：222 千字

版次：2025 年 3 月第 1 版　　　　　　印次：2025 年 3 月第 1 次印刷

书号：ISBN 978-7-5166-7408-6　　　　定价：58.00 元

微店　　视频小号店　　抖店　　京东旗舰店　　请加我的企业微信

微信公众号　　喜马拉雅　　小红书　　淘宝旗舰店　　扫码添加专属客服

前　言

在当今竞争激烈的高等教育环境中，教育质量的提高和学生的成功需要具备卓越的教学和研究技能的教师队伍。青年教师作为高校教育体系中的新生力量，其专业发展能力的提升对于培养卓越人才、推动科学研究和学术创新具有至关重要的作用。青年教师常常在教育和学术领域的起步阶段面临许多挑战，他们需要同时应对教学任务、科研项目及职业发展的艰巨压力，而这一切都要求他们具备广泛的知识、教育技巧和专业素养。在这个背景下，提升高校青年教师的专业发展能力成为一项紧迫的任务。

鉴于此，笔者写了《高校青年教师专业发展能力提升研究》一书。全书共分为两篇，第一篇探讨高校青年教师专业发展及有效途径，内容包括高校青年教师专业发展概论、高校青年教师专业发展的项目建设、高校青年教师专业发展的有效途径；第二篇围绕高校青年教师专业能力的提升进行研究，内容涵盖高校青年教师的教育教学能力提升、高校青年教师的科研能力提升、高校青年教师的创新能力提升。

本书内容严谨、结构完整，从理论和实践相结合的角度全面系统地探讨了高校青年教师专业发展能力提升的相关内容，旨在帮助青年教师在教学和研究领域取得更好的成就，为国家和社会的发展做出更大的贡献。

笔者在写作过程中，要衷心地感谢所有参与本书编撰和出版的人员，是他们的辛勤工作和支持使得这本书能够顺利完成。但是，由于学科发展的日新月异和教学实践的多样性，本书的内容无法涵盖所有可能的领域和观点。如果有任何遗漏或疏忽之处，笔者深表歉意，并恳请读者予以谅解。

绪　论

一、教师与青年教师的认知

（一）教师的认知

"随着教育的普及，教育体系愈来愈趋于制度化和科学化，教师的角色也发生了根本性的改变。"[①] 教师一词有两重含义，既指一种社会角色，又指这一角色的承担者。广义的教师泛指传授知识、经验的人。狭义的教师是指受过专门教育和训练的人，并在教育（学校）中担任教育、教学工作的人。而教师教育中的教师一般是指狭义的，即受过专门教育和训练，在学校向学生传递人类科学文化知识和技能，发展学生的体质，对学生进行思想道德教育，培养学生高尚的审美情趣，把受教育者培养成社会需要的人才的专业人员。《中华人民共和国教师法》也指出，教师是履行教育教学职能的专业人员，承担教书育人、培养社会主义事业建设者和接班人、提高民族素质的使命。

1. 教师的来源

古代称教师为"师"，与军队有关。"师"的称谓，最早见于西周金文中，称为"师氏"，简称"师"，系教国子之官。西周统治者为培养善战的贵族子弟，开办了"国学"，由高级军官"师氏"任教。随着社会的进步和文化教育事业的发展，文官任教的人也逐渐多起来，因而，教师便成为社会上一部分人的职业。由于"教"是传授知识的主要手段，因此，人们便逐渐把"教"和"师"合起来，成为"教师"。

教师，一般指直接从事教育工作或其他传授知识技术的人，也泛指在其他方面值得学习的人。从史书中看，先秦时期就有师父、师长、先生此类称谓，一直沿用至今。教师被誉为人类灵魂的工程师、人类文明的传播者，教师一直承担传播知识思想、塑造学生的时代责任。在人类发展过程中，教师的角色一直是多种多样的，也一直承担着时代发展的重任。步入大学生活之后，学生除了学习知识之外，还要了解人际交往，积累生活经验，学

[①]　杜思民. 高校青年教师的身份建构与专业发展 [M]. 开封：河南大学出版社，2019：1.

生在这些方面的成长依然需要教师作为指引者。所以，教师需要明确自身职责，注重自身经验的积累，在实践过程中不断地强化自己的育人本领。

2. 教师的专业素养

传统教学对教师的专业素质要求相对单一，一般情况下只考量教师的教学水平和知识储备情况，但是，新时代环境下，教师要承担更多的责任，完成更多的任务，人们对他们提出了更高的要求。在这样的情况下，教师必须注重自身能力和素养的提升，不断地进行自我升华。

（1）教师应该提高自身的知识素养水平。知识素养除了本专业的知识素养之外，还涉及其他学科的知识素养，换言之，在新的环境下，教师的知识体系必须更加完善，教师必须有终身学习意识，致力于自身能力的全面提升。

（2）教师应该提高信息技术能力。当下的时代是"互联网+"的时代，教育和互联网也进行了更深层次的结合，这要求教师必须掌握信息技术的运用方法，将信息技术应用在教学活动和科研活动中。

（3）教师应该提高人文素养水平。教育始终是以人为本的教育，一直致力于培养出全面的人才，换言之，教育是为了让学生掌握学习方法、掌握生存技巧，所以，教师要注重人文素养水平的提升，除了教给学生知识之外，也要促进学生在其他方面的成长，让学生成为德才兼备的优秀人才。

（二）青年教师的认知

青年教师隶属于青年群体，具有青年群体的共性特征。青年教师通常是指年轻的教育工作者，他们可能刚刚开始自己的教育职业生涯，或者在教育领域工作了一些年但仍然相对年轻。青年教师群体通常具有以下特点：

第一，年龄较轻。青年教师通常是在教育领域工作不久的人，可能在20~40岁，但这个范围可以因地区和国家而异。

第二，具备教育背景。他们通常接受过相关的教育和培训，获得了教育学位或教育相关专业的学士、硕士或博士学位。

第三，教育热情。青年教师通常充满热情，积极参与学生的学习和成长，努力为他们提供高质量的教育。

第四，不断学习和成长。他们通常会不断提升自己的教育技能，参加教育研讨会和培训课程，以适应不断变化的教育环境。

第五，面临挑战。青年教师可能会面临一些挑战，如管理课堂、建立良好的师生关系，以及应对教育系统的变革和政策变化。

青年教师在教育领域扮演着重要的角色，他们是培养下一代的关键人物，他们的努力和奉献，可以对学生的未来产生积极的影响。因此，支持和培养青年教师是教育系统中的重要任务之一。

二、高校青年教师角色面临的挑战

（一）高校青年教师角色面临的教学挑战

大学虽然要重视学生人文素质的培养，但是对于大多数进入职场的学生而言，大学里的技能锻炼必不可少。尤其是近年来新媒体技术更新速度快，对教学提出了更高的要求。在目前高校的评价体制之下，实务教学常常得不到应有的重视。如果在与业界交流与教学上花费太多精力，会影响教师个人的科研，使其丧失晋升机会。而且这种轻视实务教学的思维方式一旦形成就会具有惯性，短期内很难扭转。

目前，高校的人事聘任制度过分强调职称和学历，在一定程度上妨碍了实务教学的正常开展。以新闻传播专业为例，教学中比较缺乏的是网络技术和视觉传播方面的内容，然而现有的高校聘任制度在形式上过于严格（如要求具有博士学位等），无法留住这两方面的人才，这导致教师必须投入大量时间自修这些前沿技术，同时要和业界合作了解最新动态，难以兼顾理论研究，在目前的考核体制中难以生存。虽然有一部分学校已尝试将教师分成实务型与研究型两个独立的类别，实务型的教师不用进行过多的理论研究工作，但是操作中选择实务型的教师很少，造成实务教学后继乏人的状况。

学生群体的变化也在一定程度上给教师的课堂教学带来挑战。一方面，随着计算机和智能手机的普及，学生获取信息的渠道大幅度拓展，多维度的信息呈现方式、多彩的画面投射甚至大量新异的表达方式极大地刺激并强化了学生的求新求异心态，这在一定程度上弱化了学生参与课堂教学的热情，他们甚至对理论知识和基础实践知识的教学产生抵触情绪；另一方面，由于目前的大学生大部分来自物质生活和精神生活相对丰富的独生子女家庭，在优越环境下生活的大学生存在较多的畏难情绪，而且其抗压能力相对较低，因此，如果教师的教学内容过多、要求过高，反而会在学生对教师的教学评分中处于不利地位。于是，"明智"的教师便会迎合学生，而严格要求的教师反倒没有获得客观的评价。

（二）高校青年教师角色面临的科研挑战

高校青年教师在科研领域面临许多挑战，这些挑战可能影响他们的职业发展和学术成就。具体从以下方面探讨：

第一，缺乏经验。青年教师通常缺乏丰富的科研经验和学术网络，这可能使他们难以在学术界立足。他们需要积累经验，建立合作关系，并提高研究技能。

第二，资金限制。科研项目通常需要大量的资金来支持实验、采集数据和出版研究成果。青年教师可能会面临争取科研经费的挑战，尤其是在竞争激烈的学术环境中。

第三，发表压力。发表研究成果是学术界的核心要求之一。青年教师需要在高影响因子期刊上发表高质量的论文，这可能需要更多的时间和精力，会使他们感到压力。

第四，教学负担。青年教师通常需要兼顾教学和科研，教学负担可能占用大量时间和精力，从而限制了他们进行深入科研的时间。

第五，竞争激烈。学术界竞争激烈，青年教师需要与同行竞争，争取职位晋升和研究机会，这可能需要更高的研究产出和更多的创新。

第六，快速变化的研究领域。一些领域的科研进展迅猛，青年教师需要不断跟踪最新研究动态，以保持竞争力。

综上所述，为了克服这些挑战，青年教师可以寻求导师的指导和支持，积极参与合作研究项目，争取科研经费，并保持热情和坚持不懈。此外，建立广泛的学术网络和不断提升研究技能也是重要的。最终，坚定的决心和执着追求学术卓越的精神将有助于克服这些挑战。

（三）高校青年教师角色面临的职业挑战

高校青年教师处于职业适应期或者事业上升期，个人的成长恰好遇到社会的转型，于是青年教师身上便聚焦了很多社会矛盾。中国的传统文化重视年长的优势，尊老一直被视为中华民族的传统美德，因此，长久以来，青年教师在学校场域下的社会地位较低，在正式独立担当教学任务之前，通常要经过长期的听课及助教等辅助工作，青年教师在成为成熟教师之前，经历了"师徒式"的"传帮带"过程。而论及科研，由于当时的学术研究活动往往聚焦思辨层面，需要较长时间的学术和经验积累，因此，著书往往成了年长资深学者们的专利，这种体制在一定程度上压制了青年的创新能力和意识，但毋庸置疑的是，该体制却在无形中为青年教师带来了厚积薄发的可能性。

三、高校青年教师专业发展的重要性

青年教师的第一要务为教学，但鉴于高等院校与科技发展的密切联系，高校教师在科研领域同样承担着重要角色。青年教师从新手教师变成熟练型教师或者教学能手的过程是教师成长的过程，也同样是教师专业发展的过程。科技的迅猛发展及国家间综合国力的激烈竞争都对人才培养质量提出了更高的要求。国家的发展和民族复兴的关键靠人才，人才培养的关键在教育，而高等教育在人才培养的过程中起着很重要的作用。教师是高校发展的核心资源，是影响人才培养的重要因素，也是提高教育质量的基础和保障。因此，研究"教师专业发展"的问题对高校教育意义非凡。

高校青年教师的专业发展对于教育体系和学生的未来都具有重要性，具体从以下方面探讨：

第一，提高教育质量。高校青年教师的专业发展可以提高教育质量，确保学生能够接收到最新的知识和教育方法。随着学科知识和教育技术的不断演进，青年教师需要不断学习和更新教育方法，以确保教育的有效性。

第二，师资队伍更新换代。青年教师是高校师资队伍的新鲜血液，他们通常具有最新的知识和教育理念。通过专业发展，他们可以更好地满足学生和社会的需求，帮助学校保持教育体系的活力。

第三，科研与创新。青年教师的专业发展有助于促进科研与创新。他们可以积极参与研究项目，推动学科的发展，为学校增加声誉，吸引更多的学生和资源。

第四，学生榜样。青年教师通常更容易与学生建立联系，因为他们年龄相近，更容易理解学生的需求和问题。通过专业发展，他们可以成为学生的榜样，鼓励学生追求知识和职业目标。

第五，跨学科合作。青年教师可以带来新的视角和思维方式，促进跨学科合作。他们可能在不同学科领域有更广泛的兴趣和知识，这有助于打破学科壁垒，促进综合性教育。

第六，持续提升。青年教师的专业发展可以帮助他们不断提升教育水平和职业技能，这有助于他们在教育领域的长期职业生涯，以更好地服务学校和社会。

目　　录

绪　论 ………………………………………………………………………… 1

─────── 第一篇　高校青年教师专业发展及有效途径 ───────

第一章　高校青年教师专业发展概论 …………………………………… 3

第一节　教师专业发展的相关理论 ……………………………………… 3

第二节　高校青年教师专业发展的特征 ……………………………… 46

第三节　高校青年教师专业发展的内容 ……………………………… 47

第二章　高校青年教师专业发展的项目建设 ……………………… 58

第一节　高校青年教师专业发展需求与项目设计 ………………… 58

第二节　高校青年教师专业发展项目实施与评价 ………………… 69

第三节　高校青年教师专业发展项目及改革思路 ………………… 74

第三章　高校青年教师专业发展的有效途径 ……………………… 83

第一节　增强高校青年教师专业发展的理论支撑 ………………… 83

第二节　夯实高校青年教师专业发展的学科基础 ………………… 90

第三节　提升高校青年教师专业发展的道德修养 ………………… 94

第四节　加强高校青年教师专业发展的职后教育 ………………… 96

—————— 第二篇 高校青年教师专业能力的提升研究 ——————

第四章 高校青年教师的教育教学能力提升 ·············· 105

第一节 高校青年教师的教育与教学能力 ·············· 105

第二节 高校青年教师信息化教学能力及其提升 ·············· 116

第三节 信息化背景下的高校青年教师教学能力提升方式与途径 123

第四节 基于人才培养体系的应用型高校青年教师教学能力提升 ····· 125

第五章 高校青年教师的科研能力提升 ·············· 128

第一节 科研能力的认知 ·············· 128

第二节 高校青年教师科研能力的提升机制 ·············· 140

第三节 高校青年教师科研能力的培养途径 ·············· 142

第四节 高校艺术类专业青年教师科研能力提升策略 ·············· 144

第六章 高校青年教师的创新能力提升研究 ·············· 147

第一节 高校青年教师创新能力识别及发展模式 ·············· 147

第二节 高校青年教师创新能力的培养路径探索 ·············· 151

第三节 高校青年教师科技创新能力的提升对策研究 ·············· 153

第四节 工程教育认证背景下高校青年教师创新能力提升策略 ····· 155

参考文献 ·············· 158

第一篇

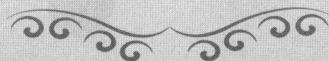

高校青年教师专业发展及有效途径

第一章　高校青年教师专业发展概论

第一节　教师专业发展的相关理论

一、教师专业发展的本质

从哲学的角度来看，发展指的是事物经历从小到大、由简单到复杂、由低级到高级、由旧质到新质的运动和变化过程，这个过程不仅关注事物本身的演变，还包括外部因素对其影响的考虑。对于教师专业发展内涵的解释，从构词方式的角度有两种理解："教师专业"发展，是教师职业和教育形态的历史发展；而"专业发展"则强调教师从非专业人员向专业人员的转变过程。目前，在我国对教师专业发展的概念界定中，反映出两种不同的思路和视角。一种侧重于外部，关注制度和体系，旨在推动教师的专业发展和职业成熟，强调教育和培训的发展研究；另一种侧重于理论，关注教师内在的专业素质结构及职业规范和意识的形成和完善的研究。

此外，为适应时代的发展需求，教师必须积极改变教育理念和自身的角色，树立开放教育、民主教育、生态教育等大教育观，不断提升和扩展自己的文化修养和专业视野，特别是要增强在教育教学实践中的反思意识和行动研究，这些方面包括教育信仰、内在动机、专业知识、专业能力、专业态度和规范等要素的调整和提高，构成了教师专业发展的核心内容。尽管这种专业发展主要通过外部的教育和培训渠道进行，但其根本动力来自教师的职业自觉意识和主动精神。

教师专业发展既不同于教师专业化，也与教师专业成长存在一定的差异。教师专业化更多的是从社会学角度进行考虑的，它更为强调教师群体的、外在的专业水平的提高；教师专业成长主要是从生态学角度加以考量的，是指一个生命由小到大、由弱变强、由稚嫩走向成熟的生长变化过程，在这一过程中不仅包括自然界生物的成长，也包括人类生命的成长；教师专业发展则更多的是从教育学的维度进行界定的，它所强调的是教师个体的、内在的专业性水平的提升。教师要成为一个成熟的专业人员，需要通过不断的学习与探究来拓展其专业内涵，提高专业水平，从而达到专业成熟的境界。在当前社会和教育背景下，教师专业发展重心正在发生由"技术熟练者"向"实践反思者"、从"外显知识"到"内隐知识"的变革，教师专业发展的性质不仅停留在教育学、心理学知识的获得和在教育实践中的合理应用上，而是在复杂教育教学情境问题解决过程中所形成的实践性认识的发展，也就是说教师个体积极主动的、内在的专业成长已经成为当前教师专业发展的核心问题。

二、教师专业发展的阶段

（一）教师专业发展阶段的划分依据

第一，教师专业成长的整体性质呈现出分阶段的特征，以教师开始从事职业教育工作为起点。在教育领域，教师在职前教育阶段通常被视为准教师，相当于社会专业发展的初期，这一时期也是教师专业发展的关键时刻。划定教师专业发展的各个阶段应根据教师的职业生命周期来制定。目前，学术界对于职前教育阶段的划分存在一些争议，提出了不同的教育阶段，如教学前关注阶段、职前教育阶段、职前师资培养阶段等。

第二，教师专业发展是一个复杂的过程，不是简单的线性进展，而是一个多元、多样的前进过程。不同教师所处和经历的专业发展阶段各异，因此，教师专业发展呈现出复杂性的特点，简而言之，不同教师的专业发展路径存在明显的差异。因此，为了进行合理的阶段划分，必须深入了解教师专业发展的整体规律。

第三，不同时期的社会背景对教师专业发展阶段有不同的影响。因此，在划分教师专业发展阶段时，需要综合考虑现有研究理论，同时也要考虑教育改革对教师提出的新标准和新需求。

（二）教师专业发展的具体阶段分析

第一，职前教育阶段。职前教育的专业准备期，亦称职前教育阶段，标志着个体作为未来教育从业者的初步准备。在这个阶段，个体被视为潜在的教师，需要接受来自师范院校和专业机构的专业培训，以为未来的正式教育工作做好准备。培训教育的时长通常因情况而异，典型的情况下，专科生需要三年的培训，而本科生则需要四年，这个阶段旨在通过不断学习和积累必备的专业知识和教育基本技能来为日后的正式教育工作打下坚实的基础。然而，目前的教师培养状况表明，师范院校的学生普遍缺乏专业知识、实践技能和综合素质。为应对这一问题，中华人民共和国教育部相继发布了一系列政策文件，如《关于进一步加强高校实践育人工作的若干意见》《关于大力推进教师教育课程改革的意见》及《教师教育课程标准》，这些政策旨在帮助师范类高等院校构建多维度实践课程体系，推进教师教育课程的深化改革，强调培养和提高学生的专业实践和综合素质能力，提前为他们成为合格的教师做好充分的准备。

第二，教育适应期。教育适应期通常指的是教育工作者正式入职后的头一至五年。师范院校的毕业生，在刚入职时通常对自己的知识储备充满信心，怀有对教育事业的热情。然而，随着时间的推移，他们逐渐认识到教育不是一项简单的工作。尽管他们掌握了必要的专业知识，却缺乏实际教育经验，无法准确地把握教学的难点和重点，也难以有效地进行学术研究和课堂管理。在这个时期，他们逐渐认识到，成为出色的职业教育者是一项艰巨的任务，但他们应坚定职业信仰，树立学习和模仿的楷模，以增强成为杰出教育工作者的信心和勇气。此外，学校领导应提供适当的支持和帮助，为年轻教育工作者提供发展的机会和平台。

第三，专业成熟期。专业成熟期指的是在从教五年左右的时间段，此时个体已经积累了一定的教育实践经验，对教育和教学有了更深刻的理解，能够充分体验教育工作的挑战和乐趣。在专家和资深教育者的指导下，结合教育发展的动态和自身的优缺点，他们开始构思并实施拥有独特特色的教学方法和教育理念。一些教育者甚至可能成为当地著名的专业技能型或经验型教育者。在这一时期，教育工作者已经完全适应了教育工作，不断积累自己的教育实践经验，有助于推动个体专业素质的可持续发展。

第四，专业高原期。完成专业成熟期后，教育工作者通常会进入专业高原期。尽管他们已经拥有自己的教学方法和教育理念，并能够熟练处理教育工作中的各种问题，但随着工作的深入，他们可能会感到在教学和管理岗位上难以有重大突破。受年龄等因素的影响，他们可能会逐渐失去对教育工作的激情和积极性，产生职业厌倦感和无力感，工作状态常处于消极状态，这一时期被称为教育工作者的专业高原期。处于高原期的教育工作者通常只是完成本职工作，没有主动提升专业素质和能力的动力。然而，不同的教育工作者在高原期的到来时间和持续时间可能各不相同，因此有必要引起教育管理部门的充分关注，并提供适当的干预和引导。

第五，专业创新期。那些度过专业高原期的教育工作者可能会进入充满激情的专业创新期，不过这要视高原期的持续时间而定。有些教育工作者在高原期可能会失去从事教育专业发展的信心，甚至决定转行，直接进入专业退出期。然而，受到教育管理部门的引导和支持，一些教育工作者能够进行心理调整，深刻反思自己的教学方法和理念，不断提升专业素质和能力，敢于探索创新的教育模式和理念，从而进入专业创新期。在这个时期，教育工作者树立了对教育职业的热爱精神，积极关心和关怀学生，并朝着成为学术研究者的方向不断发展。

第六，专业退出期。未能克服高原期的教育工作者，其工作态度和状态可能会逐渐变得消极，不再追求自我提升和突破，更多地满足于现状，工作状态较为保守和敷衍，甚至可能选择退出教育职业。相比之下，成功度过高原期并进入创新期的教育工作者将不断反思和评价自己的教学工作和职业态度，从思想上更加热爱教育事业，积极追求和热爱教学研究工作，积极探索全新的教育理念和教学模式。尽管专业退出期是每位教育工作者都可能经历的阶段，但有学者认为不应将其划分为教育工作者专业发展阶段的一部分，因为从专业发展的角度来看，最终的目标是保持专业的成熟和稳定。因此，对专业退出期可能需要进一步研究和探讨。

三、教师专业发展的意义

（一）教师专业发展的理论意义

第一，能够明确教师专业发展的核心问题。这些问题不仅构成了教师专业发展研究的基本出发点，还是教师专业发展研究的最终目标。教师专业发展研究的理论意义之一在于澄清教师专业发展领域的多个核心问题，包括教师专业发展的本质、内部结构、主要动力及主要路径等。换言之，教师专业发展研究的任务是寻求和发现这些核心问题，深入分析和解释它们，最终回答和解决这些问题。

第二，制定一系列与教师专业发展相关的概念。概念构成了学科的基本元素，而教师专业发展研究的一个重要任务是从众多复杂的教师专业发展现实中提炼、提取和整理那些在教师专业发展过程中具有规律性的质性特征，从而建立教师专业发展学科的一系列基本概念。教师专业发展是随着社会发展和教育改革的不断深化而不断演进的。

第三，揭示教师专业发展的基本规律。规律表现为事物内在、本质和必然的联系。教师专业发展研究的理论意义之一在于通过研究教师专业发展的问题、现象和事实，揭示教师专业发展的客观规律，深入理解教师专业发展的规律性。通过掌握这些规律，我们可以提出有效促进教师专业发展的建议和规定，将经验总结提升到更高的理论层次，以便更广泛地为教师专业发展活动提供指导和支持。

第四，建立科学的教师专业发展理论框架。逻辑框架是事物发展过程在人们思维中的反映，是客观事物在理论思考中的再现形式。教师专业发展理论具有三个核心元素：教师专业发展概念、教师专业发展命题及一定的推理方式。它们是对教师专业发展现象和事实的抽象总结，具有较高的系统性。因此，首要任务是确定教师专业发展学科框架的逻辑起点，即起始概念；然后按照逻辑进行，将各种复杂联系形成逻辑结构；最终达到逻辑终点，建立科学的教师专业发展学科体系，以实现教师专业发展理论对实践的指导作用。

（二）教师专业发展的实践意义

教师专业发展研究的根本目的在于推动个体自我实现、改善学校专业文化、实现学校教育目标和提高教育品质，其实践意义体现在以下方面：

第一，提升专业素养。随着教育体系和教育教学知识的不断扩展，教师必须不断充实自己，以适应教育教学改革。教师需要了解和运用不断涌现的专业知识，通过持续学习和成长来确保教育教学的成功。教师专业发展研究有助于提升教师的专业素养，扩展其知识领域，提高其学术和专业成就，并培养新的专业领域，以适应不断扩展的教育教学知识领域。

第二，提高教育质量。教师专业发展是实现高质量教育的关键途径，也是确保教师专业能力得到充分发挥的必要路径。只有通过不断的发展和成长，教师才能提高专业能力，将教育理念和专业理想变为现实。教师专业发展研究的一个主要目标是强化教师的教育、发展和更新，通过提高教育质量，促进学生知识和能力的发展，最终助力学生完成学业。

第三，体验专业满足感。教师专业发展研究能够让教师更好地体验专业生活的乐趣，获得专业成就感、满足感、自豪感和幸福感，发挥其教育教学的创造性能力，分享成功的喜悦，这也有助于教师将教育教学视为一种充实人生的方式。

第四，实现生命价值。个体的价值包括人生价值和人格价值，前者指个人对社会的价值，后者指个体的自我价值。教师的人生价值涉及其对社会的贡献，强调了教师如何使自己的一生对社会和他人有益；而人格价值则关注教师行为对个体的自我实现和尊严的影响。教师的人生价值和人格价值相互关联，教师既是价值的承受者，也是活动的主体，而不仅仅是两种独立的身份。从这个角度来看，教师的专业成长应当具有双重性质：它既有助于实现教师的人生价值，又有助于实现教师的人格价值。教师的专业成长不仅需要满足实际要求，如知识更新和教育技能的提高，还需要符合高尚的价值观，使教育活动超越功利，成为个体生命的丰富表达。

第五，为社会发展提供服务。教师肩负着培养高素质、高水平人才，有效地发挥教育在社会政治、经济和文化领域的作用，促进社会的文明和进步的使命。教育的质量和效果取决于教师的素质和水平，因此，教师专业发展的水平和层次成为衡量教育质量的重要标准。教师的专业成长间接影响着社会的发展，他们是培养未来社会领袖的关键人物，其所培养的人才素质和质量影响着社会发展的速度和质量。特别是在当前知识经济和学习型社会的时代，人才的质量直接影响经济增长的质量和水平。没有高素质的人才，社会无法实现良性发展，全面现代化也难以实现。在当今世界竞争激烈的情况下，教师的专业发展研究不容忽视。

四、教师专业发展的构成

教育专业人员的职业发展涵盖三个核心组成部分，分别是专业知识、专业技能和教育道德水平，以下从这三方面展开分析。首先，专业知识是多种知识领域的综合，包括教育实践、教育理论、学科专业等领域的知识，这些知识构成了教育专业人员进行教育工作的基础；其次，专业技能则是综合性的素养，包括教育方法、课堂管理技巧、研究能力，以及学生和同事评价等方面的能力，专业技能也能反映出教育专业人员的职业情感、自我认同及职业理想；最后，教育专业人员对职业的情感、态度、理念和价值观可以通过教育道德水平来体现，这种道德水平在长期的教育实践中形成，包括了行为规范、思维品质和道德观念等方面的内容，具有相对稳定性。因此，社会通过教育道德水平来规范和要求教育专业人员的行为，同时，教育专业人员也可以基于这一道德水平来展示和追求自己的人生价值和幸福生活。

（一）教师专业知识

教师的专业知识可被理解为在教育和教学过程中，教师主动展现出的一系列信仰、知识、技能及特征的综合体，这些元素对于实现有效的教学至关重要。实际上，教师的专业知识是指教师所拥有的所有知识，专门为了教育界这一特定领域而培养和发展的。因此，教师的知识源于他们的实践经验和理性知识，是他们多年来在复杂而不确定的教学环境中积累的专业经验，以及通过不断反思和自我发展获得的实际知识，这种知识可能因个体差异或特殊情境而有所不同，因此具有一定的情境性和独特性。

1. 教师专业知识的特性

（1）指向性与开放性。

所谓指向性主要是指构成教师专业知识体系的各要素都有一个统一的目的，要围绕一定的中心组织知识结构。面对现代社会巨大的信息量，任何人都不可能全部接受，加之教师工作任务繁重，时间和精力非常有限，因而要从工作实际出发，学习和吸收新知识。不同学科教师的专业知识结构要有各自不同的侧重点，有不同于他人的风格。一方面，教师任教学科不同，专业知识结构的侧重点应有所不同，掌握扎实、系统和精深的专业知识是教师教学成功的一个重要前提；另一方面，根据教学对象的不同层次，确定专业知识结构的侧重点，即使教师教同一门学科，由于学生的心理特点、学习需要和学习目标不同，教育教学的方式和方法也会有所不同，对教师专业知识结构的要求也就存在较大差异。同时，还要根据教师自身不同的特点来确定专业知识结构的侧重点。教师掌握知识的程度、能力、兴趣和个性不同，也会使教师的专业知识结构出现差异，表现出不一样的特点。

随着生产力的发展和科技的突飞猛进，在今天这个知识经济社会和信息化时代，知识不断膨胀增长，知识更新的速度越来越快，知识传播的途径越来越多，传播速度也越来越快。在这种情况下，作为教师，必须与时俱进，要树立终身学习的动态发展观，不断丰富、更新、优化自身的专业知识结构。同时，当代社会也是个开放性的社会，特别是当前大众传媒的发展，使得信息获取得以对称，学生几乎与教师同步接收大量新信息和新知识，学校已不再是学生获得知识的唯一渠道，教师也已不再是知识的绝对权威，教师在知识占有上的优势正在逐步减弱。在这种情况下，教师知识更不能保持一种静止的封闭状态，如果知识单一、观念陈旧，就会使自身陷入十分尴尬的境地。由此可见，教师专业知识的开放性和动态性，正是飞速变革的时代所提出的必然要求。

（2）建构性与发展性。

就教师专业知识的来源和获得方式而言，它在很大程度上是自主建构的结果，具有自主建构性。教师的知识来源和知识获取虽然有多种途径与方式，但其中理论性的学习、经验性的积累和实践性的反思是教师知识来源的最基本途径，接受性学习和发现性学习则是其知识获得的最基本方式。教师专业知识的获得并不是一个简单的认知和记忆过程，而是一个积极内化与主动生成过程。内化就是把知识融入自己的知识结构体系中，主动生成就是个体在已有经验基础上建构新经验的过程。学习者只有对外在世界进行主动加工，在这个过程中形成自己对世界的看法与观点，才能获得真正属于自己的知识。作为教师，不仅要具有明确和积极的知识建构意识，而且要不断加强对知识的认知、思考和建构能力。

所谓发展性，主要是指教师专业知识的建构不仅要有利于提高教育教学的效果，而且要有利于教师自身的专业成长，有利于教师自身专业素质的提升。在教育教学实践活动中，人们一般都把学校当作促进学生发展的场所，教师的职能定位往往都是促进学生的发展，这样就势必会把教师简单地当成促进学生发展的工具，失去了自主专业发展的意识和愿望，只能在外力的驱使下亦步亦趋、随波逐流。作为教师，其专业知识结构的建构要着眼于自身的发展，着眼于自身智力、情感、意志品质等方面的提高，只有教师的全面发展才能真正有学生的全面健康成长。同时，也只有当教师的专业知识表现出发展性的突出特征时，其知识在能力发展中的基础作用才会得到充分发挥，专业知识与专业能力的协调统一发展才能真正得以实现。

（3）综合性与融合性。

所谓综合性主要是指教师专业知识结构的广泛性、多样性和丰富性。一方面，课程的综合化及教育内容的扩大化已经成为教育发展的一个重要特征，它客观上必然要求教师专业知识的综合性。课程综合化的出现打破了传统的学科界限，导致学科知识学习走向综合化。教师在传授各门学科知识的同时，不能把它们看成孤立的体系，而是对所教知识要有一个综合认识，能够从科学系统的高度驾驭教学内容，有效地促进学生认识水平的提高，这就要求教师的知识不能局限于某一门固定的学科，而必须从学科交叉、学科渗透整合形成一种新的知识体系。另一方面，从现代教育的发展趋势来看，教师必须成为教育教学方面的专家，而作为教育教学专家的教师也必须具有综合性的专业知识结构。传统教育教学重视的是学科知识的传授，主要采用的是"传授—接受"模式，教学内容完全被定在教科书之中。而未来教育的发展趋向是着眼于学生个性的全面发展，教育教学的内容、方式和组织形式将更加灵活多样，教师必须具有广泛深刻的人文素养。

所谓融合性主要是指教师综合性专业知识之间的相互联系、相互影响、相互渗透与彼此贯通。教师专业知识不仅在于数量的多少，更重要的是质量的良好组织状态。教师应注意专业知识体系以下方面之间的融合：一是文理知识之间的渗透。知识发展的一体化趋向，即自然科学、社会科学和人文科学在高度分化的基础上走向高度统一，必然要求自然科学教师通晓人文社会科学的知识，促进认知、情感、意志的发展；而人文社会科学教师须懂得相关的自然科学基础知识，并能不断学习最新的成果与技术，以不断完善其专业知识结构。对教师而言，科学、技术、艺术、哲学等都应在他的专业知识视野之内，都能相互联系、彼此贯通。二是理论知识与方法论知识之间的融合。在教师综合性专业知识中还应增加一般方法论的知识，不能割裂学科理论知识与一般方法论之间的有机联系。教师不仅要掌握各门学科知识的基本结构，还要熟悉了解该门学科是如何建立和发展起来的，熟悉该门学科的基本研究方法。三是教育理论知识与专业知识之间的协调发展。教师不仅应当从宏观上把握教育科学的新理论、新观点和新方法，还应深入所教学科之中，善于根据不同学科的特点研究学习心理规律，提高教育教学的科学性和实效性。

（4）实践性与个人性。

教师专业知识实质上更多地表现为一种实践性知识、经验性知识和情境性知识。教师的实践知识在很大程度上是个人化的，因为它就出自教师个人的经验，是教师自己的体验与体悟，是教师个人实践的总结、积累与升华，它来自实践又服务于教师个人化的教学实践行为。教师个人实践知识越丰富，其在专业方面就越成熟，也就越意味着他可以开始建构具有个人特点的专业知识结构。

强调教师知识的实践性与个人性，主要是由于教师凭借广博深厚的知识底蕴及深刻的思维模式，能更有意识和能力把理论性知识或公共性知识，加以个人化或个性化的解读与把握，这种意识和能力应该高于其他层次的教师群体。不仅如此，理论性知识的学习从其最终目的上来看都要指向实践领域。那么如何能使理论更好地应用于实践，使得束之高阁的理论焕发出强大的应用价值，也要依赖教师建立良好的实践意识，以及不断提升实际运用能力。可以这样认为，教师专业知识结构高度体现了教师个人特征和教学智慧，具有十分突出的实践性、内隐性、情境性和个性化的特征。

2. 教师专业知识的分类

完善合理的专业知识结构，是教师得以发挥最佳教育教学效果的重要条件，其在教师整体的素养结构中占据核心地位。教师专业知识越丰富，就越具有权威性，也就越能发挥教育的巨大力量。在科学技术快速发展的今天，教师更要把握知识更新的脉搏，不断调整、扩展自身的专业知识结构，实现由"教书匠型"教师向"专家型""创新型"教师的时代转变。

（1）教师专业知识的研究视角。

第一，需要进行关于教师专业知识质量的研究。在理论层面，教师的专业知识似乎越多越有益。然而，由于教师学习专业知识的时间有限，无论是在职前还是职后，而知识是无限的，因此有必要确定教师在专业领域所需的最低知识要求，以及对这些知识的理解和掌握水平要求，即专业知识的质量。显然，这是一个具有重要意义和挑战性的课题，但也因其难度较大，很少被讨论和研究。要科学地回答这个问题，首先要考虑教师的核心知识结构，然后再考虑更广泛的知识领域，但要确立这些边界是非常困难的。因此，调查和分析教师专业知识的发展和教师专业成长状况，对于制定教师专业知识发展策略至关重要，因为它对于丰富教师的专业知识具有实际效益。

第二，需要研究教师专业知识的内容。了解教师专业知识的性质和特点是决定教师专业知识发展路径的前提和基础。对于教师专业知识内容的研究，主要涉及根据教师专业知识分类理论进行具体化研究。对于教师专业知识内容的研究，只有将其具体化到对于提高教师的专业素质和教育能力具有现实研究价值的层面上，因此这种研究不仅涉及对知识的分类，还需要深入分析各学科内容的知识点。首先，我们需要明确一般教师专业知识结构的内容体系由哪些类型的知识构成；其次，我们需要根据学科的特点提出学科教师专业知识结构；最后，我们需要明确各学科教师专业知识的具体内容。

第三，需要研究教师专业知识的特质。研究教师专业知识的特质通常通过对杰出教师或特级教师的个案研究来进行。我国的优秀教师或特级教师经过层层筛选，因此他们在专业知识方面表现出卓越的特质。从专业知识发展的角度来看，分析和研究各学科杰出教师的特质是一项非常有意义的研究任务。研究杰出教师的成长经历和专业知识的构成对于制定教师专业成长的"路线图"和专业知识发展的路径具有重要指导意义，可以激励教师积极主动地进行专业成长、改变教学方式、提高教学效果、应对课程改革的挑战。全面研究杰出教师的专业成长历程，获取成功经验和具体的专业成长路径，对于一般教师的专业成长具有重要的参考价值。加强对杰出教师专业知识成长历程的个案研究不仅有助于引导一般教师的专业成长，还有助于探索基于杰出教师个案分析研究的教师学科专业知识发展的有效途径。从个案的角度来研究各学科典型杰出教师的成长经历，揭示各学科杰出教师的专业知识特征，总结杰出教师的成长规律。我们可以通过建立杰出教师专业知识发展的个案集锦或案例库，展现其专业成长历程，以供其他教师获得宝贵的启示和借鉴。

（2）教师专业知识的传统教育学分类。教师是人类科学文化知识的传递者，是学生掌握真理、认识世界和发展智能的引路人，其科学文化素养的优劣，直接关系到学校教学质量和教育目标的实现。因为教学是一个传授知识、发展智力、培养能力，进行思想品德教育，使学生得到全面发展的过程，要搞好教学工作，现代社会要求教师既要学有专长，又要广泛涉猎；既要专精，又要博览。换言之，教师不仅要掌握较多的知识，还必须具有符合教育工作要求的合理知识结构，具有较高的文化素养，主要表现为以下方面：

第一，扎实的专业基础知识。专业基础知识是教师从教的基本素质。专业知识要求教师对所教学科要掌握其基本理论和方法，了解其历史、现状、发展趋势和社会作用；要掌握重点、难点，不仅要知其然，而且要知其所以然，抓住要领、举一反三、触类旁通、运用自如，激发学生兴趣。换言之，教师必须掌握扎实的专业基础知识才能高屋建瓴，把课讲活。对于专业基础知识，教师不仅自己要懂得，要准确、深刻地掌握，还必须能够给学生讲解清楚，熟练灵活地应用，能够引导学生认识、理解和领悟。

第二，广博的科学文化知识。面对瞬息万变的信息时代，面对层出不穷的新观念、新知识、新学科、新技术，面对新课程全新的设计思路、全新的目标、全新的内容、全新的实施策略，面对急剧发展变化的教育专家，教师的知识才学必须精深广博。广博的知识不仅是专业的必要延伸，也是对教师工作的有力支撑。一方面，虽然按教学大纲的要求直接传授给学生的知识是有限的，但教师要把握好所教知识在知识体系中的地位，处理好所教知识与其他相关知识的关系，必须具有广博的知识。另一方面，在现代教育条件下，电视、广播、报纸、书刊等媒介为学生吸收知识提供了多方面的信息源，这不仅扩展了学生的知识视野，也启迪了学生的智慧，他们随时都有可能向教师提出这样那样的问题。教师不一定能够完满回答学生所提出的所有问题，但在回答中给学生以有益的启发、用广博的知识引导学生学会思考、培养他们对未知世界的兴趣却是不可或缺的。另外，与掌握广博的科学文化知识相联系的还有教师良好的文化素养，包括尊重科学文化的态度、读书与探索的兴趣和习惯、参加文化活动的主动精神及艺术修养等，都是教师应该具备的。

第三，扎实的教育科学知识。教育科学知识是教师实施教育任务的一项重要保证。教育是一种创造性活动，是科学性与艺术性的高度结合。仅仅具有广博的科学文化素养和精深的专业知识的人，不一定能成为一名好教师。教师必须有强烈的教育意识，必须恰当地运用教育教学规律，掌握较娴熟、较科学合理的教学技巧，懂得教育规律，掌握教育理论，用教育学、心理学、教育史、教学法等理论来武装自己。教师只有按照科学育人的规律办事，讲究科学性和艺术性，才能使自身在摸索过程中避免可能犯的错误，使教学少走弯路，达到事半功倍的效果。

（3）舒尔曼的教师专业知识分类。1987年，舒尔曼在对教师教学行为的研究进行了认识论和方法论的批判的同时，进行了专家教师和新教师的对比研究，在此基础上提出了教师从事教学所必需的知识。

第一，学科内容知识。学科内容知识不仅包括具体的概念、原则和原理，还包括它们之间的联系；不仅要包括"是什么"的知识，还包括"为什么是这样"的知识，这是教师最基本的知识内容。教师对学科内容灵活、深刻的领会对于有效教学是至关重要的。每位教师首先要精通所教学科的内容知识。

第二，一般教学法知识。一般教学法知识主要是指超越了具体的学科内容，适用于课堂管理和组织的一般性原则和策略。一般教学法知识主要包括教学技术、教学测量与评价、班级组织与管理、心理辅导技术、教育研究方法等。

第三，课程知识。课程知识是指对教学材料和工具的熟练掌握，是一种"教学交流的工具"。既包括各种课程材料的内容、规定的课程资源，也包括教师自己设计的教学资源、课程发展的知识。

第四，特定学科教学法知识。特定学科教学法知识是指特定学科领域的教学内容与教学法的结合，是教学领域的专门知识，也是将学科教师与学者区分开来的知识体系，主要包括如何呈现教学内容、如何为不同年龄阶段的学生安排授课难度、如何为不同内容选择合适的教学方法等。

第五，教育情境的知识。教育情境的知识，包括小组或班级活动的知识、学区管理与资助、社区及其文化的特点。教育情境对教学会产生重大的影响，有许多情境因素影响着教师的发展和课堂活动。如所在地区的社会经济水平、学校的类型和规模、班级的大小、教师对其教学的反馈和校长的期望与态度等。所以，尽管教育情境知识是内隐的，但它对教师的影响是不能低估的。

第六，教育目的与价值的知识。教学是一个有目的的活动，教师不但有一节课或单元的短期目标，还要有长期的教育目的。为有效地开展教学工作，教师要掌握教育目的、价值等方面的知识。

（4）波兰尼的教师专业知识分类。20 世纪 50 年代末，英国物理化学家和思想家波兰尼关于显性知识与隐性知识的分类在教育领域一直受到广泛的关注。

第一，显性知识。所谓显性知识，是关于自然和社会的运动规律、原理方面的理论体系的知识，是易于文字记载的认识类知识，可通过各种传媒获得。凡是能以文字与数字来表达，而且以资料、科学法则、特定规格及手册等形式展现者皆属显性知识。

第二，隐性知识。所谓隐性知识，是指没有记载的经验类知识，它需要通过实践来获得。隐性知识是相当个人化而富弹性的东西，因人而异，很难用刻板的公式来加以说明，因而也就难以传播或与别人分享。个人主观的洞察力、直觉与预感等皆属隐性知识。隐性知识深植于个人的行动与经验之中，同时也贮藏在一个人所抱持的理想与价值或所珍惜的情怀之中。

隐性知识相对于显性知识具有理论上的优势，因为任何明确表达的显性知识都包含了个体的理解和隐性知识维度。换句话说，显性知识的真正含义是通过隐性知识赋予的，因此纯粹明确的知识是难以想象的。教师的专业成长要求他们不仅要拥有广泛的显性知识，还需要不断充实自己的隐性知识。对于教师而言，充实隐性知识远远不足以应对要求，同样重要的是如何将教育教学中的隐性知识显性化。由于教学的互动性质，教师需要深刻理解所教学科，并将这种隐性学科知识转化为学生能理解的形式，这需要将学科知识与特定的教学法知识融合起来，将学科知识转化为学生易于理解的表达方式。

3. 教师的专业实践知识

所谓教师专业实践知识，是指直接指导教师教育教学行为的知识，体现为教师认为"我会做什么"或"我应该怎么做"；从知识的类别上来看，教师专业实践知识更重要地表现为一种程序性知识；无论是教师专业实践知识的获得还是其具体表现和作用的发挥，都离不开具体的教育教学情境。概而言之，教师专业实践知识就是教师通过观察或参与教育教学实践而获得的，在一定教育教学情境中指导自身教育教学行为的程序性知识。

（1）教师专业实践知识的价值。

第一，促进教师的专业自主发展。在知识论的语境中，知识的优先性被表述为从理论到实践、从外部到内部的认知和行为模式。基于这种理念，教师往往被视为知识生产线的接收终端而被置于执行者的最底层，教师个体在教育教学的理论与实践领域中失去了话语权和主动权。如果我们重视教师实践知识在教师专业发展中的核心地位，那么教师与知识之间的关系就会发生根本性的变化。教师的教育教学实践不仅是理论的证明和应用，是技术性和操作性的程序化劳动，也应当是充满深刻批判性和高度创造性的劳动；教师不仅是知识的创造者，也是教育教学智慧的发展者。教师专业发展从本质上来看，其实就是教师个体自我发展和主动创造辩证统一的过程。

第二，提供教师专业发展的新支点。教师专业发展不是一个抽象的概念，它是教师个体富有个性的生命运动过程，这个运动过程应当深深扎根于教师最基本的、具体的教育教学实践之中。而一旦当教师教育热衷于建构理想的蓝图和抽象的概念体系时，其实教师专业发展也就必然失去了坚实的基础和可靠的支撑。教师专业发展的根本和目的都在教育教学实践，教师专业发展的成功并不仅体现在造就一个满腹经纶的理论家，而是要培养能够对当下教育教学情境施加有效影响的行动者。从"知识论"向"实践论"的转变，既实现了教师专业发展价值取向的变革，也必然会为教师专业发展提供一个新的支点，这就是教育教学实践。

第三，增强教师专业发展的生命体验。在以往长期的教育教学实践活动中，我们往往更注意对学生生命体验的激发，而没有意识到或完全忽略了教师自身独特的生命体验。教师的教育教学实践和生命实践是两个不可分割的辩证统一的过程，对于教师而言，真正的智慧在于认识教育教学不仅是一种工作，更是一种生命历程，是一种丰富和完善自身生命体验、提升精神品质和人生境界的过程。回归教师的生命体验，一方面要尊重教师在专业发展中整合的生命个性和真实的生命体验，使教师专业发展与其生命感悟互相依靠、融为一体；另一方面要理解教师专业发展在帮助教师提升其教学胜任能力的同时，也能帮助教师提高自己的职业幸福感，从而使教师实现对自己生命价值的超越。

（2）教师专业实践知识生成的内在机制。受"科技理性"的影响，传统的教师教育往往采用企业对工人生产行为的训练和管理方式，对教师的教学行为进行分解，使之标准化，让职前教师逐一掌握。以这种外在的强化模式培养出的教师在教学实践中往往也采用分析的方法，对知识先进行分解再进行灌输，这样的教学很难培养出创新型人才，也不利于教师的专业发展。行动反思就是针对"科技理性"对社会科学的霸权而出现的一种专业实践知识生成理论。

第一，行动反思是教师专业实践知识生成的事中与事后之思。"行动反思"是当代美国教育家、思想家舍恩通过对科技理性实证主义认识论的批判而提出的教师教育思想。舍恩指出，社会生活与专业工作领域已经全方位被追求统一化、标准化、确定性的科技理性实证主义认识论所支配。然而专业实践工作充满着情境性、多变性、复杂性、价值性与独特性等特点，因此，当用科技理性的实证主义认识论诠释复杂多变的教师专业实践工作时，就显得苍白无力。教师在专业实践中遇到具体的教育教学问题时，是很难找到普适的、确定的解决策略的。教师要运用教育智慧，根据具体的教育教学情境选择好的教学策略。舍恩认为，当人们面临目标不明确、充满价值冲突的问题时，就可以通过"行动反思"，厘清目标并寻求实现目标的途径。对于教师教育而言，通过"行动反思"培养教师（师范生）解决复杂教育教学问题的能力尤为重要。

培养教师的"行动反思"能力应引导他们学会在教育行动中的反思和对教育行动自身的反思。教育行动中的反思要求教师接触学生的真实言行，及时捕捉学生的困惑与惊奇之事，并通过现场试验来回应学生的言行、困惑与惊讶之事。教师在教育行动中的反思不仅要时刻关注学生在学习实践中遭遇的惊讶之事，而且要满怀兴趣地探究学生遇到的问题。

第二，行动反思是教师专业实践知识生成的身心合一。基于事中之思与事后之思的"行动反思"教师教育思想是"知道什么"和"知道如何"的身心合一的认知过程。教师的实践知识是教师通过专业实践行动的认识过程实现的，行动就是身心合一的过程。行动是身与心的互动，它不同于仅存于思想领域的意念活动，也不同于单一的身体变化。行动反思是教师有意识的行为，这种行为表现为行动者不断对自己的行动进行监控与调整的过程，是身与心的统一。

第三，行动反思是教师专业实践知识生成的视域融合。行动反思是教师在专业实践行动中与客观世界的"视域融合"。"视域融合"是当代德国著名哲学家伽达默尔在诠释学中使用的概念。视域就是指主体人立足于某一点所能看到的一切。从静态的视角，视域是有限的，即使没有其他障碍物的遮挡，也只能看到天地相交的地平线而已；从动态的视角，随着主体人的位置移动，其视域则可以无限拓展，但不管主体如何移动位置，都无法到达地平线。因此，视域融合一定要与文本融为一体，沉浸其中，进入忘我之境界。

在教育教学活动中，教师往往带着自己原有的经验或个人教育理念，或者说是"前见""前理解"与周围世界进行行动反思或者视域融合，这种基于"前见""前理解"的"情境中的反思性对话"是一个永无止境的实践知识生成的过程。当遇到类似的教育情境时，这种实践知识又会成为教师进行行动反思的"前见"，这又涉及情境的相似性问题，如当学生学习英语的"过去完成时"这一句型结构时，就会自然而然地联想到"现在完成时"的用法或句法结构等，在问题解决过程中，他们可能将新问题与旧问题进行比较，在旧问题解决路径的基础上寻求新的解决办法。

（3）教师专业实践知识生成的教学策略。培养具有"行动反思"能力的教师，促进教师专业实践知识的生成，可以通过拓宽实践教学的渠道、引导教师撰写教育日志、构建教师实践共同体等路径实现。

第一，拓宽实践教学的渠道。促进教师专业实践知识生成，应该培养教师的行动反思能力。培养教师的行动反思能力，应拓宽实践教学的渠道，使教师沉浸在教育实践情境之中。在真实的教育实践情境中，教师能够与学生的真实言行相接触，能够对现场产生困惑与惊奇，并通过现场试验来回应困惑、回应学生的言行。对于教师教育而言，拓宽实践教学的渠道，首先应注重教育见习、实习、现场教学等实践环节的教学，通过教育见习、实习、现场教学等实践环节，教师（或师范生）才能时刻关注学生在学习时所遭遇的惊讶之事，并对学生的言行感兴趣；通过教育见习、实习、现场教学等实践环节，教师（或师范生）才能亲身体悟教育问题的复杂性与多变性，不断增强自身体察教育问题与解决教育问题的能力；通过教育见习、实习、现场教学等实践环节，教师（或师范生）才能帮助学生将对问题的自发性理解与学校的权威性知识联系起来，更加科学地解决问题。

拓宽实践教学的渠道，更应重视课堂实践的价值。在教育理论课等课程的教学中，应该突破传统的教师讲学生听的灌输式教学模式，运用案例式教学、互动式教学等，引导教师（师范生）探讨社会热点问题、剖析教育教学实践中的真实问题、交流与分享各自的经验，并通过对真实案例、亲身经历与文本知识的比较、反思与批判，不断建构其专业实践知识。

第二，引导教师撰写教育日志。行动反思不仅包括行动中的反思，还包括对行动的理智之思。养成撰写教育日志的习惯，对于教师行动反思能力的生成是很有价值的。通过教育日志，能够对自己的思想、感觉，自己或他人教育教学行为、教育现象、教育问题等进行及时反思与批判，这是对自我"前见"的反思与批判途径，是教师理解走向生活的过程。

教育日志是为自己而写，不是为了迎合功利性的学术需求。教育日志的写作是教师与自己的思想、信念、感觉进行交流的安全途径。通过教育日志的写作，教师能够检视自身"前见"与"前理解"的合法性，促进其专业实践知识的有效生成。实践知识的建构涉及整个脑部的运作，既包括右半球视觉、直觉与抽象能力，也包括左半球的语言能力与分析能力。通过教育日志这种自我反思的表达方式，对于脑功能的充分发挥具有重要价值。

第三，建构教师实践共同体。培养教师的行动反思能力，不仅应引导教师通过教育日志等形式达到对其内心世界的检视、反思与批判，而且应引导教师与同行组成实践共同体。教师实践共同体是在教师自愿基础上成立的，为提升教师的专业知识和专业能力，分享每位教师的资源，实现相互促进的学习型组织。共同体就是一个共享的知识库，蕴藏着集体的经验与智慧。通过共同体成员的互动与交往，就能够推动集体经验与智慧的流动，每位教师则可以不断地将集体的知识整合进自己的知识体系之中，从而实现教师与其他共同体成员的视域融合。

文化人类学家温格用共同事业、相互介入和共享的技艺库隐喻实践共同体的三个要素。共同事业是指全体共同体成员愿意为之奋斗的共同愿景；相互介入是指共同体成员通过在实践共同体中以多种方式参与到对方的实践之中，形成交互性人际关系；共享的技艺库是指共同体成员在实践中共同创造的活动规则、行为方式和话语体系等。在教师教育中，就要引导教师通过这三种方式建构其在共同体中的身份，并将个人的思考、行为方式等融入和沉浸到共同体之中。

4. 教师专业知识的管理

知识管理是一个非常复杂的活动，其最终旨归不是为了知识而进行管理，而是重在提高组织成员的生产力，提升组织的应变能力和反应速度，进而不断增强组织的效益和竞争能力。

教师专业知识管理的内涵包括以下方面：①教师专业知识管理是一个持续的过程，包括知识的获取、组织、储存、共享、应用与创新等；②教师专业知识管理的内容包括显性知识和隐性知识，侧重隐性知识的显性化，实现自身知识的增值；③教师专业知识管理的目的是促进教师个人专业成长，提高教学效能，提升教师与整个学校的竞争力；④教师专业知识管理需要信息技术、学校机制、知识管理制度、教师组织文化等要素的保障，以及有效的知识管理系统的支持。

教师专业知识管理一般涉及四个基本要素。①专业知识。专业知识是教师专业知识管理的本源性要素，它包括显性知识和隐性知识两方面。显性知识可以用文字、符号等表达出来；隐性知识则隐含于教师的教育教学过程中，难以用语言表述。教师专业知识管理的对象是教师的专业知识，也就是把专业知识作为最重要的资源，通过对专业知识的学习和运用、共享和传播、交换和创新来提高教育教学水平，促进教师专业能力的持续发展。②知识人员。所谓知识人员，是指携带可用知识的教师本人，它是教师专业知识管理中具有能动作用的主体性要素。由于教师是专业知识的载体，是专业知识获取、应用和创新的主体，因而教师专业知识管理实际上涉及对拥有专业知识的人的管理，即教师专业知识管理具有了对人的管理特征，体现了"以人为本"的管理思想。③知识设施。所谓知识设施，是指教师专业知识管理实施中所需要的各种技术及设备，它是教师专业知识管理的条件性要素。对专业知识进行管理，离不开各种技术手段的运用和设备的支撑。传统的教师专业知识管理主要是采用人工方式和纸质形式来实施，而在信息时代背景下，计算机技术及各种应用软件已成为教师专业知识管理的最有效方式。④知识活动。所谓知识活动，是指教师专业知识获取、组织、交流和创新的实践性活动，它是教师专业知识管理的实践性要素。管理本身就是一种主体的活动过程，是主体对对象进行组织和协调，使其趋向规范有序、良好发展的过程。教师专业知识管理是学校管理者对所有教师的专业知识或教师本人对自身所具备的专业知识进行管理的过程，它涉及知识的获取、存储、分享和应用等各个既相互区别又相互促进的环节。

（二）教师专业技能

专业技能是教师综合能力的体现，它包括教师多个方面的能力，如教学设计、评价、管理、科研等。想要了解教师的专业自我与情操，以及职业理想等，就可以从他的专业技能入手，作为构成教师职业素养的核心部分，它体现了教师的整体素质。

1. 专业技能的能力范围

专业技能的能力范围在教师身上体现得尤为重要，主要包括两方面：教师的专业技能在教育工作中的应用及他们在学生培养方面的影响。教师的教育能力涵盖了多个方面，如对专业知识的深刻理解、对学科发展的前瞻性洞察、对学生需求的观察和理解能力，以及有效的语言表达、教学组织和审美水平等。另外，学生的智力成长和学业成果直接反映了教师在培养学生方面的能力。教师需要展现出对教育过程的监控、认知和操作的高超技能，这才能凸显他们的出色教育水平。为了适应时代的变革和满足时代的需求，教师需要不断发展和提升他们自身的专业基本能力，包括对现代教育技术的应用及科研水平的提高，这些因素反映了他们的专业素养。高校教师最显著的在于他们能够将自身的科研成果转化为实际社会生产力。此外，他们的理论研究能力和应用科学研究技能也是他们科研水平的具体表现，因为他们的研究目标是满足社会、经济和政治发展的需求，正是在这一动力的驱动下，他们将研究成果应用于实际，探索高效问题解决方法和工具应用技巧。

在高校环境中，明确定义教师的职责要求，使他们能够在履行教学职责的同时，实现教育目标，具备所需的基本技能，这构成了他们教育技能的具体表现。通过教学实践，教师能够更深入地理解职业教育和学术教育的差异，从而根据不同的目标和需求培养学生。因此，实践性和可操作性是教师教育工作的突出特点。如果将教育视为一种服务，提升教育和教学能力需要关注三方面：首先，在设计和实施课程时，必须注重工作实践和行业生产的整合，以使培养出的人才具备相关特质和规格。其次，在指导学生组织和设计实际实习和工作实训过程中，需要指导学生的专业知识和技能，同时积极参与实际实践，以满足学生的实际需求。教师还需要具备构建真实工作场景的能力，以确保生产性实习满足实际工作需求，帮助学生从学生到职业人的过渡，获取实际实习经验。最后，教师在教学活动中进行教学评估，实践操作能力是评估教育工作者教学能力的主要标准，对学生情况的评价可从他们的学习过程和学习成果入手，前者评估了教育者参与教学实践的能力，后者评估了教育者在指导学生方面的能力。此外，教师的终身学习和不断提升的能力也是他们专业素养的体现。

2. 专业技能的体现

高校中教师的专业技能体现在多个方面。高校作为社会发展的重要组成部分，旨在满足社会的需求，具备四大核心职能，包括人才培养、文化传承与创新、社会服务和科研。高校是国家人才培养的主要场所，长期以来，它为国家培养了大批富有社会主义理想、致力于国家繁荣和民族振兴的杰出人才。此外，高校和地方社会发展之间存在相互支持的关系，高校为地方提供人才和知识支持，同时地方社会为高校的生存和发展提供了基础条件。因此，教师在履行高校内的教育和科研任务之后，应积极与当地社会联系，充分利用自身的专业知识和技能，为相关产业提供职业培训、文化传播和决策咨询等方面帮助，这便构成了学术生态系统中教师与校外社会的紧密联系。作为社会的一员，教师将科研成果转化为社会生产力，以服务社会为己任，这不仅是履行公民责任的表现，也是高校社会服务职能的具体体现。高校教师积极参与社会工作、执行其他部门交付的任务，与地方政府、企业和科研机构合作等，都属于高校的社会服务职责。

此外，教师作为高校社会服务职能的主要实践者，需要理性看待自身职业，保持稳定的工作态度，这一态度是教师自我职业价值的关键指标，它对教师的专业行为和职业发展起到了积极的指导作用。教师是否能全身心地投入教育工作、保持对教育的激情和热爱，以及能否预见教育的成果，在很大程度上取决于教师对自身专业的坚持和态度。首先，教师需要不断体察对高校的信仰，理解高校在不同层次下采取的教育模式和学生培养方式，坚定人才观、教育质量观和师生关系，积极改进和提升教育教学方法。其次，教师应强化自身培养人才的信念，对不同类型人才的成长和发展保持信心，明晰高等教育和其他教育类型培养学术和技能型人才的差异，深刻感知自身的社会价值，对自身的社会地位和职业感到满足和自豪。

（1）职业价值的体现。教师的职业价值在专业上的协调发展中显现出来。换言之，教师的职业价值通过他们自身的协调发展得以体现。具体而言，主要体现在教师引导学生积极主动投入学习，通过所学知识和技能促进自身发展，从而凸显了教师的引导作用。因此，根据指导对象，教师的协调发展可以分为三方面：教师的自我协调、教师与学生之间的协调及教师与学校之间的协调。教师不断监控和调整自己的教学活动，自我约束，是教师的自我协调。为了满足社会的可持续发展需求和适应教育领域的全面和谐发展，教师需要专业的可持续发展，这包括教师的个人成长和职业发展，这种专业的可持续发展可以使教师在实现自身价值的过程中充分展现职业特性。因此，教师的使命在于"传道授业解惑"，教师的目标是终身学习，通过创新和反思，体现对教育的适应性、前瞻性和创造性。

（2）高校文化的创新传承。教师如何确定发展方向和目标价值通常可以从高校的精神文化需求中汲取启发，这有助于积极影响教师的教育、教学和科研工作，增强其工作热情和创新意识。高校教师通过传播和弘扬校园文化，成为高校文化的重要组成部分。同时，高校文化也通过管理高校知识来体现其内涵。作为高校组织的核心，高校精神文化体现了高校的道德观、价值观、办学理念和存在意义。因此，在坚守高校理念的基础上，教师们逐渐形成了稳定的高校精神，这是因为他们长期不懈地追求的共同目标，展现了高校精神的稳定性。高校的生命力源自对理想的追求和对信念的坚守，这也是高校文化内核的体现。高校精神及高校教师的时代精神和道德伦理共同构成了高校的内涵。因此，高校的生命力通过高校精神得以反映，它也是高校的灵魂。为了塑造和发扬高校的特性和内涵，先要在全校范围内推崇高校精神，促进师生观念的统一和关系的改进，培养创新意识和质疑精神。教师对高校精神内涵的理解反映了其专业技能，吸引了大量知识精英来到高校。高校精神也受到了高校教师的积极影响，表现在教师的文化发展和个人魅力上。文化发展包括教师对校园文化价值的认知，以及他们所持的教育理念；个人魅力则通过教学和科研影响学生的知识、思想和价值观，同时反映了教师的职业道德、态度和师德，这是通过教师自身的言行来实现的。

（3）职业平台的构建。建立职业平台有助于加强教师的职业认同感，其中包括教师之间的互动和人际关系，以及教师职业发展的目标。因此，教师的职业认同实际上是对其所扮演的角色、教师职业理念、伦理道德及自身对职业的认知和态度的认同。在高校环境中，教师之间的互动和交往展现了职业间的人际关系，直接影响个体教师的需求等。

（三）师德境界

中华民族向来看重、崇尚、弘扬师德，作为一种美德和专业责任，师德体现的是教师的道德。在工作中，教育工作者为了引导和规范自身行为必须坚守的准则及必须履行的道德规范标准就是师德，所以，师德就是教师的道德在工作实践中的表现。准确而言，教师在开展教学工作和维护公共利益时应当遵守的道德准则就是他们实际的职业态度、专业素养与技能及师德。近些年，高校在开展思想政治工作会议时，对师德进行了反复的强调，对于师德师风教育的加强和改进，国家也进行了一系列的部署，提出将教师的职称评定与师德考核挂钩。

作为社会道德的重要组成部分，师德规范是教师的必备规范，需要每一位教师的坚守，教师在感化和影响学生的过程中，想要发挥出言传身教的示范作用，就必须具备体现师德的能力。无数实践证明，一位学识广博、思想高尚、具有极强人格魅力的教师，几乎可以影响学生的一生。教师不由自主地体现自己的职业道德意识就是师德境界，如果教师学识渊博、人格魅力极强，就会在教学中将这种正能量传递给学生，并对学生的成长和发展发挥积极的促进作用。我们可以发现，教师对自身职业及职业道德的认识越自觉，那么他的道德水准就越高，因为道德行为规范是这种认识的本质，它直接且持续地影响着人的道德。教师应该主动遵守师德规范，通过对师德的接受和履行体现其自觉性；学生通过教师的言传身教可以感受到师德的示范性，要充分认识到优秀教师的示范作用；教师给学生带来的持久的、积极的、深刻的影响则体现了师德的深远性。

综上所述，教师工作的精髓就是包含教师道德认知、信念、意志、情感及坚守等在内的师德，其核心与源泉就是教师对学生的那种无私奉献、不求回报的爱，这种爱表现为对学生的教育、关怀与呵护，如同对待自己的孩子一般。高水准师德的教师必定是一名优秀的教师，他也必定能教育出优秀的学生。专业情操是教师对教育及教育工作的体会，它是个体的心理体验，具有主观性，教师在教学实践中所表现出的责任感、自豪感、使命感和荣誉感，反映出一名优秀教师应该具有的稳定态度和情感。首先，教师要对自己的职业和学校感到满足和自豪，将个人价值融入学校的发展中，全身心地投入教育事业中，并不断进取、积极开拓。其次，教师要坚守自己的责任和使命，在工作中，加强对学生的关注、关心和爱护，积极主动地开展教育教学、科学研究，用自己的热情和专业教育、感化和影响学生，为社会主义的现代化建设培养出更多的高质量人才。

五、教师专业发展的要求及规律

（一）教师的专业发展要求

教师的专业发展要求教师实现自身的内在价值，教师专业发展就是为了满足自身需求，促进自我发展。教师在实现自身需求的过程中，可以将学习方式与个人的兴趣偏好、个性特点及职业目标结合起来，通过自主学习促进自我的不断提升，这充分显示了教师专业发展的自主选择和自由决定的权利。教师的专业发展坚持自我导向，以教师为中心，这样能够激发教师的自主意识，在整个发展过程中，也会更加关注教师的真实需求和内心感受，加深对教师行为习惯和方式的体会与理解，提高教师参与各种学习活动的积极性和主动性，同时，也能够增强教师的责任感，他们会提醒自己保持理性，为自己的行为和需求负责，并逐渐形成自我意识，驱使自己不断学习、不断成长。

教师的专业发展不是一蹴而就的，它是一个漫长的积累过程，需要教师主动挖掘内在需求，并不断地反思、进步。所以，以自我为导向的教师专业发展要求教师始终坚持自我，不要被外界的各种声音影响和束缚，尤其是在接受知识时，要学会屏蔽那些片面的观点和言论，将作为教师在组建知识方面的积极性、创造性和主动性充分地发挥出来，同时，还要引导教师挖掘自身需求，尤其是那些和专业发展目标一致的需求，以提高教师学习和选择的主动性，对于原有的知识和经验，要鼓励教师去思考、反思，从更深的层次去理解，并到实践中去检验这些理论，进行相关的拓展，最终构建出符合教师自我特征的成长模式，促进教师的个性化发展。

在教师专业发展的过程中，学校管理者要正确认识教师之间的差异，尊重教师的个性，学会根据教师的特点、个性、专业目标等选择不同的发展方向、评价激励方式及培训模式等，这也体现了生态管理学中的整体性思维，即用哲学中的辩证眼光去看待系统中的各个要素，既要保留它们各自的特色，让它们发挥出自身独特的价值，还要构建它们之间的关系，使其能够相互促进、共同发展。在管理教师的实践中，管理者要充分地尊重教师，让自己和教师处于平等的地位，在同一个层面上塑造教师的人格和约束教师的权利。如果管理者的价值取向以个人为中心，那么管理层面原本平衡的生态系统就会失衡，和谐稳定的目标将无法实现，并且会将管理者和教师割裂开来。高校教师的专业发展是一个包含师德境界、专业知识与技能等各种要素在内的完整系统，其目标就是将教师培养成为知识型、技能型的教育专家。

（二）教师专业发展的规律

教师专业发展的规律是一个长期而复杂的过程，可以涵盖以下内容：

第一，学习与知识更新。教师需要不断学习和更新自己的知识，紧跟教育领域的最新发展和研究成果，这包括参加各类培训和专业发展活动，阅读教育期刊、书籍、研究报告等，与同行交流和分享经验。

第二，反思与改进。教师应该不断反思和评估自己的教学方法和策略，了解学生的需求和反馈，寻找改进的空间和机会，这可以通过观察和记录课堂实况、听取同事和学生的建议、参与教学团队和研究项目等方式实现。

第三，专业发展计划。教师可以根据自己的专业发展需求和目标制订计划，包括学习新的教学技能、参与教学研究、申请教学创新项目等，这样的计划应该有明确的目标和可行的步骤，并与个人的教学实践相结合。

第四，专业社群和合作。加入教师社群和与同行进行合作可以促进专业发展。通过参与教研活动、加入教学团队、与其他教师进行合作研究等方式，可以互相学习、分享经验和提高教学水平。

第五，反馈和评估。教师需要接受来自学生、同事和学校领导的反馈和评估，以了解自己的教学效果和发展需求，这可以包括学生的评价、同行的观摩和评估、定期的教学检查等。

第六，专业发展的阶段性特征。教师的专业发展可以通过多个阶段来描述，如初级教师、中级教师、高级教师等。每个阶段都有不同的专业发展需求和特征，需要采取相应的发展策略和机会。

需要注意的是，教师的专业发展是一个个体化的过程，每个教师的需求和路径都可能有所不同。同时，教师的专业发展也需要结合教育政策、学校环境和专业发展机会等因素来考虑。

六、教师专业发展的过程

教师专业发展的过程不仅是一种专业理念、专业知识、专业能力、专业道德、专业情意等内在品质的涵养和形成过程，也是一种外在的专业实践过程。教育教学实践应该成为教师专业发展研究的基本逻辑起点。从教育教学实践的视角来看，教师专业发展过程应当是一种多维互动过程，它既表现为一种对话过程，也表现为一种规约过程和权力过程。

（一）教师专业发展——对话过程

教师专业发展离不开与专家之间、与同伴之间、与学生之间特别是与课程之间的对话和交流，否则教师专业发展根本无从谈起。教师与课程之间的对话主要可以从以下四方面加以解读：

第一，教师专业发展是教师解决课程问题的过程。教师开展课程对话的根本原因在于课程问题的存在。课程问题吸引教师开展课程对话，使教师卷入课程对话中。教师提出的课程问题及对问题答案的设想都与教师的课程视界相关联，都反映了教师的利益关切。正是课程问题使教师参与的课程对话得以进行下去，在课程对话过程中又产生了新的课程问题，继而引发了进一步的课程对话。课程问题的不断生成使得教师参与课程对话成了教师生活的常态。

第二，教师专业发展是教师对课程意义的理解过程。教师对课程意义的理解主要是通过与课程的对话来实现的。一方面，教师通过与课程文本的创作者对话增进了课程理解。通过对话，教师更加了解课程文本创作者的真正意图，甚至能够比作者本人更好地理解课程文本。另一方面，课程对话促进了课程文本的整体与部分之间的深度契合，进而促进了教师的课程理解。教师对课程文本的理解从文本的整体到部分和从部分到整体不断循环往复，而且这种循环经常是不断地扩大，直到文本的模糊之处完全被照亮。不仅如此，课程对话也提升了教师的课程视界，进而增进了教师对课程意义的理解。课程对话始终都是伴随着课程视界的融合，使教师自身的课程视界与课程文本的视界产生了部分重叠，通过这种重叠，教师能够理所当然地理解课程文本的意义。

第三，教师专业发展是教师通过课程语言建构生活世界的过程。教师是通过课程语言来建构生活世界的，课程语言与生活世界的关系绝不是单纯符号和其所指称或代表的事物的关系，而是摹本与原型的关系。摹本绝非原型的单纯符号，它并不是从使用符号的主体那里获得其指示功能，而是从它自身的含义中获得这种功能，正是在摹本中，被描摹的原型才得到表达并获得继续存在的表现。生活世界是课程意义的本源，是课程文本中所说的"事情本身"。教师对课程意义的理解总是通过课程语言来进行的。事情本身可以是相对变化的，它总是被我们的立场和我们的问题所制约，在不同的时间与不同的地点，历史地表现自身的不同方面。教师对课程意义的理解应该以增进对"事情本身"的理解，进而增进教师的实践智慧为依归。

第四，教师专业发展是教师的课程视界的提升过程。一方面，课程对话促进了课程视界的"量"的增长。教师利用已有课程视界吸纳外来课程信息的过程实际上是一种同化过程。当同化作用发生时，教师的课程视界就获得了量的增长。另一方面，在已有的课程视界不能直接同化外来的课程信息时，教师的心理状态开始由平衡状态转向不平衡状态。不平衡的心理状态驱使教师改变或调适自己已有的课程视界，以便更好地吸纳新的课程信息，从而开始了一种顺应过程，使教师的课程视界获得了质的变化。

（二）教师专业发展——规约过程

作为一种规约过程，教师专业发展过程必须确定教师行为"应该如何"的问题，这一过程是主动和被动的统一，它不仅是教师主动建构自身行为"应该如何"的过程，而且是教师行为规范的内化过程。

第一，教师专业发展过程是教师主动建构自身行为"应该如何"的过程。从认知层面看，教师专业行为的建构始于教师自我身份的定位，也就是教师对自己职业方面的现实与理想的再认识过程，这种再认识主要通过自我的反思、他人的评价、教育组织的定位来实现。从情感层面看，教师身份定位是教师的理想自我与现实自我之间的矛盾斗争过程。"理想自我"是教师的职业理想，它是社会对教师的期望和教师本人期望的合金，是一个有待实现的梦想；而"现实自我"则是教师的职业现实。理想自我与现实自我总是处于矛盾之中，别人或自己对自己的教学行为的要求与自己现在的教学行为总是存在一定的差距，而缩小这种差距恰恰成了教师奋斗的根本动力。从行为层面看，课程身份定位是个体内在因素与外在环境因素的交互作用过程。课程行为"应该如何"不仅受教师自身的教学经历、教学信念等内在因素的影响，而且受他人的期待和榜样人物及教育组织的目标等外在因素的影响，这些因素存在某种程度的交互作用，教师的专业行为就是内外各种因素交互作用的结果。

第二，教师专业发展过程是教师行为规范的内化过程。教师行为规范内化的关键问题是教师行为规范被接受的条件。教师接受教师行为规范的最基本条件是教师行为规范的有效性，它包括"外在的效力来源"和"内在的效力来源"。"外在的效力来源"主要包括：教师行为规范的强制性，即它可以有效地惩罚违反教师行为规范的任何教师；教师行为规范的正当性，即教师行为规范由正当的程序制定且保证所有的教师都享受平等的教学权利。教师行为规范的内化是通过课程权力的位置化、课程位置的角色化和课程角色的规范化三个渠道来实现的。无论教师扮演何种课程角色，其活动程序已经规则化、活动方法已经效率化。活动程序的规则化使教师的课程行为变得有章可循、有规可守。活动方法的效率化有利于教师选择达到课程目的的最佳途径。

（三）教师专业发展——权力过程

作为一种权力过程，教师专业发展过程一方面表现为教师的被支配过程，另一方面也表现为教师权力的增长过程。这两方面构成了教师专业发展中的"权力辩证法"。

第一，教师专业发展过程是教师的被支配过程。一方面，教师专业发展过程是对教师生活时空的组织过程。通过对教师时间的组织，可以使权力时刻都能对教师进行控制和干预，并根据他们的专业发展水平来使用他们；对教师活动空间的组织过程，就是对课程场域中课程位置的组织。教师专业发展的根本目的在于使占据不同课程位置的教师都扮演好自己的角色，从而保证了每位教师都有自己特定的活动空间来完成自己的工作。另一方面，教师专业发展过程是对教师身体的组织过程。权力不仅可以通过对受训教师规模的控制来影响教师的专业发展，而且权力对教师身体的组织本身就是一种规训，其目的是使教师的身体变得更加顺从和有用。

第二，教师专业发展过程是教师权力的增长过程。从广义的角度看，教师的权力是教师调动课程资源以改进或改变教育实践进程的能力。教师专业发展表现为教师教育实践能力的提升，这种能力的提升一方面表现为教师从事教育实践的知识的增加，另一方面表现为教师调动课程资源的能力的增加。从狭义的角度看，教师的权力是对学生的支配能力，它代表了教师对学生活动的支配程度。教师专业发展表现为教师对学生支配能力的提升，这种能力提升一方面表现为对学生学习时空的组织能力的增强。教师专业发展使得教师更有能力对学生在校时间和空间进行精心组织，将散布的时间和空间片段糅合成一个有机整体，使各种前后相继的学习活动序列化和最优化。另一方面表现为对学生身体的组织能力的增强。教师的专业发展使得教师有能力对学生的身体进行更加周密的组织，从而使学生的身体变得更加顺从和更加有用。

七、教师专业发展的动力

教师专业发展动力是教师在教育教学生活中实现持续化生存和发展的基础。这种动力包括多个关键要素，如潜在能量、学习能力、人格魅力、知识优势、创造品性和智慧机智等。这些要素相互交织，为教师的专业成长提供了坚实的支撑。教师专业发展动力是各种力量的组合，它不仅受到内在因素的影响，还受到外部环境的塑造。这包括教育政策、学校文化、学生需求等各种因素。教师需要在这些力量的作用下，不断调整和适应，以实现专业发展的目标。教师专业发展动力不仅存在于教师的内心世界，也体现在具体的教育教学实践活动中。教师需要在实际工作中不断积累经验，灵活地应对各种挑战和变化。成功的表现在于他们能够积极适应和灵活驾驭教育教学环境中的变化，从而提高教育教学的质量和效果。教师专业发展的目标是不断走向专业成熟。这意味着教师需要不断提升自己的能力和素质，以满足不断变化的教育需求。专业成熟不仅涵盖了知识和技能的提高，还包括了教育理念的深化和人际关系的建立。教师专业发展动力是成长活力、能力、实力和潜力的完美结合。它包括原动力（教师内在的动力和动机）、策动力（外部的激励和机会），以及解决教育教学问题的准备性力量、操作力和聚合力。这些力量共同推动教师不断前进，不断提高自己的专业水平。

教师专业发展动力的形成是一个逐步变化的过程。它从教师的内心发展层次开始，逐渐扩展到操作层次，最终在实践层次得以体现。这是一个由不成熟到成熟的过程，同时也是专业发展境界不断提升的过程。教师需要通过反思和学习，不断地完善自己，以适应不断变化的教育教学环境。

（一）教师专业发展动力的特性

1. 教师专业发展动力的持续性与阶段性

教师专业发展的可持续性是一个至关重要的议题。这个动力可以随着时间的推移而增长，前提是需要教师自己精心经营和外围环境的呵护，以激发他们的潜力。这种可持续性的发展源于教育界对于专业发展的高度重视和不断改进的机会。

教师专业发展的关键方向是教育教学能力和未来问题解决能力。前者需要直接的技能培养，例如教育方法、课程设计和评估技能。这些技能是教师工作中的基础，对于提供高质量的教育至关重要。后者则涉及教师的动力、创造力和思考能力。教育者需要不断积累对未来挑战的洞察力，以便能够适应和解决各种复杂问题。这两个方向相辅相成，前者为后者提供了必要的工具和基础。

教师专业发展动力的持续培育是确保其可持续性的关键。通过强化新教师的专业发展动机、提供教育指导、鼓励学习和培养教育习惯等方式，可以增强他们的发展动力。这种培育性的方法不仅关注个体的需要，还有助于建立一个支持性的教育生态系统，让教师在不断成长和学习的过程中感受到鼓励和支持。

教师职前教育的目的在于为教师专业发展储备力量。虚拟的发展过程在教育实践中才会真正启动。职前教育应该提供坚实的教育理论基础，同时也应该培养学生的思辨能力和问题解决技能。这样，新教师将能够更好地适应教育情境中的各种挑战，并积极参与到专业发展的过程中。

教育实践在教师专业发展中扮演着核心角色。在教育情境中，新教师的专业发展动力来源多元化，包括发展感召力、实践感、创造力、竞争力等。教育实践不仅为教师提供了实际的教学经验，还激发了他们的动力和创造力。教育者能够在实践中应用他们所学，不断改进他们的教学方法，并与同事分享最佳实践。因此，教育实践是教师专业发展的重要组成部分。

教师专业发展动力在不同职业阶段有不同的增长方式。这种变化促进了教师专业结构的质变和发展方式的转型。教育理论学习、教育情境的感召、教育习惯的形成、实践学习、实践创新与探索等不同阶段都为教师的专业发展提供了不同的机会和挑战。这些阶段性的变化有助于教师不断提升自己的专业素养，适应不断变化的教育环境。

2. 教师专业发展动力的累积性与延展性

教师的专业发展动力是一种缓慢积累的实力，而不是突发的力量。这一过程需要耐心等待，就像水滴石穿一样，一点一滴地积累有利于发展的因素和力量。在这个不断增强的过程中，教师的经验、智慧、认识和体验都在逐渐增长。教师专业发展的动力源于点滴经验、智慧、认识和体验的积累。这些元素提升了他们应对教育教学中新问题和新事件的实力与潜力。然而，真正的突破点是在"悟"的过程中出现的。教师通过体悟、顿悟、领悟等方式，重构了专业自我。在"悟"的时刻，教师不仅整合了外来的教育教学经验和意识，还改变了应对教育教学实践的思考和行动方式。这种改变直接影响了专业发展动力的发生和增长。教师开始更深刻地理解教育过程中的关键因素，并能够更有效地应对各种挑战。因此，教师的专业发展不是一蹴而就的，而是一个持续积累的过程。教师需要有耐心和毅力，一步一步地前进，等待"悟"的时刻。在这个过程中，他们不断增强自己的专业实力，积累经验、智慧、认识和体验，从而更好地应对教育教学中的各种挑战，不断提升自己的专业水平。

教师的专业发展动力是一个具有延展性的概念，其效能会随着外界条件的变化而变化。一个和谐、团结、进取的文化氛围可以极大地增强教师的专业发展动力。然而，不良的环境和个人主义文化可能会抑制这种动力的发展。因此，延展性是影响教师专业发展进程与速度的重要因素，需要改善环境来增强其效能。在一个和谐、团结、进取的文化氛围中工作的教师通常更容易受到激励，他们感受到与同事之间的合作和支持，这有助于增强他们的专业发展动力。这种氛围中的教师更愿意分享经验、互相学习，因此他们的教育质量通常更高。

相反，在不良环境中和个人主义文化下，教师可能会感到孤立和竞争，这可能会抑制他们的专业发展动力。他们可能不愿意与同事合作，也可能不愿意分享自己的知识和经验。这种文化氛围可能会导致教师的专业发展受到限制，效率降低。因此，教育机构和学校管理者应该重视创造一个和谐、团结、进取的工作环境，以促进教师的专业发展动力。这可以通过鼓励合作、提供培训和支持、建立互信互助的关系等方式来实现。此外，还需要关注外界条件的变化，及时调整教育政策和资源分配，以适应不同的情境和需求。

3. 教师专业发展动力的潜隐性与综合性

教师专业发展动力，虽然通常隐含在他们的身体与教育教学活动中，却是支持其专业发展的幕后力量。这一动力可以被视为教育者职业生涯的内在推动因素，体现在教师的行为方式、态度、信念、习惯等方面。专业发展动力不仅影响教师的个人成长，还决定了他们未来发展方向与成熟水平。

教师的行为方式、态度、信念及习惯等方面的表现，反映了专业发展动力的强度与趋势。例如，一个对教育充满激情、对学生充满关爱的教师，往往表现出更强的专业发展动力。他们可能会积极探索教育领域的最新发展，不断提高自己的教育水平。相反，一位对教育不够热情、对学生不够关心的教师可能会表现出较低的专业发展动力。

专业发展动力包括教育性格与细节性品质，这些特质决定了教师的未来发展方向与成熟水平。一位具有积极向上的性格，注重教育细节的教师可能会更容易在职业生涯中取得成功。他们对于教育的热情和关注于细节的品质使他们能够更好地应对各种教育挑战。

在教师专业发展动力系统中，有多个因素驱动着其专业发展。这些因素包括主观意志力、情境敏感力、人格魅力、学习能力、实践能力及创造能力等。主观意志力使教师能够坚定地追求自己的职业目标，情境敏感力使他们能够适应不同的教育环境，人格魅力有助于建立积极的师生关系，学习能力和实践能力则促使他们不断提高教育水平，创造能力则激发了他们创新教学方法的潜力。

教师专业自我与教育教学实践情境的有机统合至关重要，可以促进专业发展，也可能成为阻力。当教师的专业自我与实际教育情境相互契合时，他们更容易发挥自己的专业优势，实现教育目标。然而，如果专业自我与实际情境不相符，可能会导致教育不协调和挫折感。

教师的专业自我与教育教学实践中的难题共同影响着专业发展动力的走向与强弱。面对困难和挑战，一些教师可能会因为专业自我的坚定而坚持不懈，不断寻求解决方案；而另一些可能会感到受挫，减弱了专业发展的动力。因此，教师需要认识到自己的专业发展动力，并积极应对各种挑战，以不断提高自己的教育水平和专业发展水平。

（二）教师专业发展动力的因素

1. 教师专业发展动力的"二因素说"

教师专业发展是一个复杂而深刻的过程，其中内部动力与外部动力被认为是主要的驱动因素。"二因素说"强调了这一点，将教师的专业成长视为内外动力的相互作用。内部动力代表了教师自身的动因与内在动力，源自个体的自我超越和发展性需求。这种内部动力可以分为两个主要方面，即成就动机与自我实现动机。教师们常常渴望成为卓越的教育者，这种渴望激发了他们的成就动机。他们希望在教育领域取得卓越的成就，不断提高自己的教育水平和专业技能，以便更好地满足学生的需求。此外，自我实现动机也在内部动力中起到关键作用，因为教师追求个人成长和满足自身的发展性需求，渴望实现自己的教育潜力。这些内部动力的大小与教师对自己专业水平的不满和对超越自己的目标的追求密切相关。

教师的专业发展并不仅仅依赖于内部动力，外部动力也起到了至关重要的作用。外部动力是教师专业发展的外部因素，包括教育环境、国家政策、学生需求和社会文化等。这些外部因素构成了教师专业发展的"环境"和"外力"。外部动力需要通过教师自身的内部组织或成长内力来发挥作用，才能真正影响他们的专业成长。换言之，外部动力必须经过内部动力的中转才能产生实际效果。例如，国家政策可能提出一系列改革措施，但要使这些政策真正实施，需要教师们内心的认同和积极参与，这需要他们内部的动力。同样，学生需求和社会文化也可以促使教师在专业发展中采取特定的行动，但只有当教师内在地认识到这些需求的重要性，并将其纳入自己的发展目标时，外部动力才会变得有效。

2. 教师专业发展动力的"三因素说"

教师专业发展的三因素说提出了教师专业成长的动力来自主动力、次动力和助动力。这三方面相互交织，构成了一个圈层结构，对教师的专业成长产生深远影响。

主动力被视为教师专业发展的核心动力。这些主动力包括自主实现的渴望、自我提升的动力、对职业的认同感、对教育事业的热爱及对学生的热诚。教师在内在深处埋下了专业成长的种子，渴望在教育领域不断前进。他们寻求自我提升，不断追求更高的教育水平和专业技能，以更好地满足学生的需求。同时，教师对自己的职业充满自豪感，坚信自己的工作具有深远的社会价值，这种职业认同感激发了他们不断进取的动力。此外，教师的热爱教育和对学生的热情也是主动力的一部分，它们激励着教师为学生的成功而不懈努力。

次动力在教师专业发展的圈层结构中占据了中间层的位置，充当了连接主动力和助动力的桥梁。次动力包括学校文化氛围、教师专业发展共同体、教学竞赛和教研活动等。学校文化氛围和专业发展共同体有助于创造一个支持教师成长的环境，鼓励教师分享经验和合作，从而提高了专业水平。教学竞赛和教研活动则为教师提供了不断挑战自我的机会，促使他们不断改进和创新教育方法。

助动力位于教师专业发展的外层，包括社会环境、政治、经济、文化和科技等宏观影响力。这些因素广泛而深刻地影响着教师的专业发展。社会环境和政治决策可以改变教育政策和教育资源的分配，从而影响到教师的工作条件和机会。经济因素也可以对教育领域产生直接的影响，包括教育预算和教师薪酬等方面。文化和科技的变化则推动了教育方法和工具的不断更新和改进，对教师的专业发展提出了新的要求。

这三种动力之间既相互独立又相互影响，构成了一个复杂而有机的系统。主动力在内层，次动力在中间层，助动力在外层。助动力对教师专业发展有广泛性和外延性的影响，影响着教师专业发展的价值取向和发展动机。次动力则起到了桥梁的作用，帮助助动力转化为主动力，使教师能够更好地应对外部环境的挑战和机会。

3. 教师专业发展动力的"三层次说"

教师专业发展动力是一切促进教师专业顺利发展的各种力量的合成，是教师专业发展的积极势头及其应对教育教学实践活动的专业智慧和潜能，教师专业发展动力主要是由生发层、操作层和实践层三个不同层面构成，而成长驱动力、成长操作力和成长聚合力是教师专业发展动力的具体表现。

（1）生发层：教师专业发展驱动力。客观世界动植物的成长依赖于成长动力的产生和持续供给，与之相适应，教师的专业成长也离不开成长驱动力的激发与支持。具体而言，教师专业发展的驱动力主要包括以下三方面：

第一，教师专业发展的本能性驱动力。教师专业发展的本能性驱动力是教师一旦投身教育教学工作就会自然产生出来的，它源自教师在教育教学实践活动中实现自身职业生存的本能要求，它一般不需任何外部力量的介入就可以自发而成。作为动植物的一种本能，成长是其适应客观外部环境的深层需求和生命需要，是各种动植物发展的基础与开端。教师专业生长的最根本目的就是确保自己在教育教学专业领域中的生存，因而成长本能驱动力是贯穿教师专业发展历程的一种最原始的推动力量。

第二，教师专业发展的情境性驱动力。在具体的教育教学实践活动中，教师的专业成长不是毫无根基的"空中楼阁"，它深深根植于鲜活多样的教育教学情境之中，那些教师不能顺利应对的教育教学情境就会成为一种实践难题和认识困境，教师必须千方百计、想方设法寻求出路，加以解决。此外，教师不仅生活在教育教学情境之中，还生活在与学生共建的课堂教学情境之中，学生也在期待教师的成长。学生强烈的求知渴望与动机及对自身成长的深深期待，每时每刻都会触动教师专业发展的敏感神经，这必然也会促发教师专业发展的动机和需要。

第三，教师专业发展的发展性驱动力。教师专业发展的发展性驱动力是一种强大的动力，它激发着教育者通过自觉、主动和积极的实践行动不断成长，以超越他人并在专业领域中取得成功，赢得职业声誉。这种驱动力的根源可以追溯到教师个体内心深处的专业愿景、专业情感、专业精神和专业理想。它是教师专业发展的创造性张力和深层内驱力，推动着他们前行。

与生长性驱动力不同，发展性驱动力不仅驱使教师前进，而且确保他们朝着正确的方向前进。它激发理想信念，使教师坚信他们的工作有意义、有价值。这一驱动力也是教师提高自己的专业境界和实现专业自我的关键因素。教师们不仅通过积极的自我反思和学习不断改进自己的教育方法，还通过与同行合作、参与专业发展项目及不断追求新的教育理念来推动自己的成长。

发展性驱动力是教师自身可控可为的专业成长动力的核心动力源泉。它使教师认识到他们的职业发展不仅取决于外部因素，更取决于自身的决心和努力。因此，教师们不仅关注教育政策和学校环境的变化，还积极追求专业发展的机会，不断提高自己的教育水平，实现个人和专业目标。

（2）操作层：教师专业发展操作力。在教育教学实践中，教师的专业成长是一个至关重要的议题。教育领域的专业成长是一个持续不断的过程，它受到各种专业驱动力的影响。这些驱动力可以激发教师的潜在力量，但必须经过适当的引导和转化，才能真正促使专业发展。在这个过程中，媒介与桥梁起到了至关重要的作用，它们引导和塑造着教师专业成长的方向和力量的运用。

要理解教师专业成长的过程，我们需要关注构成这一力量的因素。教师专业成长力不仅包括了专业驱动力的影响，还结合了一系列关键要素，形成了操作力。这些要素包括知识学习能力、精神追求力、人格魅力、习惯自塑能力和实践创造能力。这些要素相互交织，共同塑造了教师的专业发展路径。教育精神、人格修炼、知识拓展、实践创造和习惯塑造等要素被视为转化专业发展策动力的渠道，它们共同构成了一种被称为"一般专业成长力"的力量，为一般性专业实践提供了服务和支持。

教师的专业成长力并不仅受到一种要素的影响，而是受到多种成长力的综合作用。在特定情境下，教师可能需要特定的专业成长力组合方式，以满足特定的需求。这就需要教师从具体的教育教学实践中提取并进行单项发展与专门训练。例如，教师可以通过参加职前专业教育来提升一般专业成长力，但对于特定教育主体、情境或活动，他们可能需要个性化的专业成长力组合，以更好地适应和应对挑战。

（3）实践层：教师专业发展聚合力。教师专业发展聚合力是教育领域中一项至关重要的能力，它涵盖了教师在解决特定教育教学问题时所展现出来的对一般专业成长力的驾驭、匹配与综合运用能力。这个能力不仅是对特殊专业成长力的运用，更是能够激活、配置、组装与合成各种成长力，从而促成对教育教学实际问题的有效解决。教育教学问题在教育教学情境中扮演着焦点与核心的角色，因此，教师的专业发展目标应该是形成对教育教学情境的适应力、应变力与干预力。

教师专业发展聚合力的核心在于教师需要具备对多种多样专业成长操作力的选配、组装与匹配能力。这就是说，教师不仅需要熟练掌握一般性专业成长力，还需要在实际问题解决和教育教学情境处理中将这些能力灵活应用。通过聚合一般性专业成长力，教师具备了适应和应对各种教育教学问题与情境的能力，从而形成了个性化的专业能力和风格。这种能力的培养和发展对于提高教师的教育教学质量至关重要。

教师专业发展聚合力的实现不仅依赖于个体教师的努力，还需要将教师的专业智慧与各方力量聚合起来，用于问题解决和教育教学情境处理。这意味着教师需要积极参与教育团队、学校管理和教育研究等多个领域，以获取更多的专业支持和资源。只有通过与他人协作和分享经验，教师才能更好地发展自己的专业能力，并为学生提供更优质的教育。

八、教师专业发展的机理与机制

（一）高校教师专业发展的内在机理——系统联系

从整体的视角来看，需要将教师专业发展视为一种群体效应，强调教师之间的协作、互动和知识分享。在研究中，应将教师的个体成长纳入其中，以建立互惠互利与和谐相处的系统性关系，以处理好教师与同事、学生、学校及周边环境之间的关系。

1. 学术环境与知识在教师专业发展中的作用机理

想要进一步提高教师专业发展素质就必须帮助其构建良好的专业知识体系。首先要在专业实践教学中融入所学的专业知识理论。从教师专业发展的角度来看，在发展过程中要利用校园的平台学习更加全面的专业理论知识，并在教学实践中去尝试应用专业知识，通过反思和评价查漏补缺，从而构建属于自己的专业知识体系。而这种构建过程对于外界的输入和引导存在一定的差异性。构建专业知识的过程本质上就是在教学实践过程中不断地反思和评价自己已经具备的认识和思想。因此，从获得实践知识的角度来看，教师需要重视对实践教学进行反思评价。但考虑到教师之间个人工作能力和工作安排之间存在竞争和差异性，一些教师无法立即投入实践教学中，所以教师之间构建专业知识体系的方式存在一定的区别。针对这一问题，教师首先要具备发展专业知识体系的意识，以共同成长为最终目标，消除相互之间的竞争与歧视，相互关心和帮助对方，帮助同事进行实践反思和评价，相互构建各自的专业理论和实践知识体系。

（1）学术环境→专业知识→教师专业发展。所谓学术环境指的是根据学科资源的优化配置融合不同的学术生态因子，在团队领导下将其有机地结合在一起，进一步营造出提高教师学术专业素质的氛围和环境。在营造学术氛围和环境过程中要注意以下四方面：

第一，需要构建具备学术活动能力的团体。从实际操作的角度来看，学术研究活动通常需要吸引不同领域的专业人员的参与，因此这类活动通常呈现出群体性质。为了更好地推动学术活动，必须明确学术研究的整体格局，各个群体之间既合作又竞争，这种相互关系也是创造良好学术研究环境的关键要素。总而言之，高校在进行学术研究活动时，应设立提升整体学术研究水平和学科实力的长期复杂目标。因此，各个学科领域的领军者需要在学术研究领域发挥积极引领作用，以协同规划和建立有利于实现预期目标的学术研究氛围。总而言之，必须建立专业的学术研究团队，并指派领导者来引导。

第二，需要引导学术人员自主组织。除了学校组织的群体性学术研究活动，学校内部也存在着众多非正式学术研究团体，尽管它们自发形成，但同样具有对学术研究活动的一定影响力。通常情况下，这些自发组织的团体是由行政力量成立的，导致它们缺乏明确的学术研究目标。高校在管理学术研究活动时，应关注组织成员是否出于自愿参与学术研究活动，而不是受行政压力强制参与。

第三，要支持多元的学术发展方向。对于一般高校而言，资源的优化配置和团队组建在很大程度上受到行政力量的影响。高校由多个学术研究团队组成，各团队内的成员负责不同的学术研究任务，需要明确分工和职责。然而，在管理学术研究活动时，容易出现分歧。管理者需要优化配置专业人力资源和研究资源，以实现预期的学术研究目标。

第四，需要支持学术从业者的再创造。从高校的发展角度来看，自主创新的精神和能力决定了未来的发展潜力和方向。尽管从事学术研究的专业人员在实践中面临各种不确定性因素，可能经历失败和挑战，但仍然需要坚持进行大胆的研究尝试。因此，高校需要创造宽松和包容的学术研究氛围，以帮助解决他们的后顾之忧，从而激发他们的创新精神和潜力。

（2）教育科学知识→专业知识→教师专业发展。在教师专业知识领域，教育科学知识具有至关重要的地位。从一个更广泛的视角来看，教师专业知识的获取方式可以分为两个主要方面：首先是通过个人工作实践，其次是通过积极参与专业社群以学习和积累专业知识。因此，在促进教师专业发展方面，应强调教师将主动性与互动性融合起来。简而言之，教师在发展其专业知识的过程中，应以理论知识为指导，针对在学习过程中遇到的难题，通过学术研究和分析的方法来找到问题的解决途径，并在教学实践中探讨这些解决方法的可行性。随后，应对研究结果进行反思和评估。这样，教师在不断学习过程中将能够不断提升并充实自己的专业知识。

（3）实践知识→专业知识→教师专业发展。一般而言，教师渴望拓展其专业知识必须建立在原有专业知识理论的基础之上，这意味着在教育领域的已知知识结构内，结合特定教育背景，通过实践中的反思和验证，进行知识结构的重新构建。与外部知识输入方式相比，这种知识结构的重构具有根本性差异，因为它是在教师的日常教学实践中，通过不断的互动和反思积累而来的。此外，为了更好地发展专业知识，教师首先需要树立发展的理念，明确共同成长的目标，建立互信关系，相互协助和关怀，协助同事进行反思和评价。只有这样，才能提高整体教师群体的专业发展水平和能力。

（4）文化知识→专业知识→教师专业发展。对于高校而言，其最关键的功能在于传承和创新传统文化，这就要求教师以身作则为学生树立传承和创新文化的典范，高校要重点关注教师之间、师生之间开展的学术研究活动，要给他们充分的自主开展学术研究活动的权利，为教师自主发展解决后顾之忧。首先，要为教师营造良好的学术研究氛围和环境，给他们提供更多发展的机会和平台，这样他们才能充分发挥主观能动性去参与学术研究，通过这种方式能够提高教师的学术职业道德。其次，对于从事学术研究的人员而言，必须不断提高自身的修养和专业能力，给自己设定一个自我激励机制。再次，学术人员要明确自己最擅长的学科和专业，确定自己学术研究的目标和方向，然后积极组建学术研究团队。最后，团队成员之间要明确各自的分工和责任，强调个人的学术研究自由的权利，鼓励成员积极地参与学术研究活动，提出自己的创新观点和看法，为传承和创新传统学术文化做出自己应有的贡献。

由此可见，影响教师专业发展的重要因素之一就是其专业知识水平。专业知识水平与教师专业发展之间呈现出正向关联性。在提升专业知识技能方面，主要是通过专业态度、授课技巧和专业情意等方面努力实现的。从教师的角度来看，教师在传授给学生知识的过程中，要融入育人和服务的理念。教师本身就是学校的重要组成部分，有责任、有义务为学校组织提供服务和帮助。因此，从高校职能的角度来看，教师的服务对象主要指的是学生、学校和同事。但教师在发展专业知识的过程中，受到各种制度和考核的限制，导致其无法真心实意地为服务对象提供服务和帮助。

此外，影响和促进教师专业发展的另一关键因素在于教师的专业情感和治学态度。从某种程度上来看，教师的执教精神理念就相当于对教师职业的认同感，教师对教育职业的心理状态通过思维活动来体现，即教师的专业思维、意识、活动和状态。对于教师的专业精神而言，必须关注国家、民族和时代的情感和期望，教师自身要具备一定的爱国主义精神和改革创新的信仰，要对教师这个职业有敬畏之心，要清楚教师所担负的历史使命和责任。教师只有具备了发展专业的精神和意识，才能增强他们对教师职业的认同感和归属感，才能够将全部的时间和精力投入日常教学工作中。教师的专业能力主要分为两方面：一方面是学科能力，另一方面是专业能力。而学科能力指的是利用学科知识解决实际学科问题的能力，专业能力指的是给学生传授专业知识和引导学生自主学习的能力，并逐渐上升到为社会提供专业服务的能力。因此，从学科能力的角度来看，教师应当具备的重要专业技能就是给学生传授学科知识和精神，引导学生正确看待和审视学科思想，帮助学生利用学科知识去解决学科问题。因此在教师专业能力素质考核方面，一个重要的评价指标就是教师是否具备学以致用的能力，这也是判断教师是否具备专业技能的重要参考，也是体现教师专业发展外在生态因素的有效途径。

师德是教育工作者必不可少的伦理准则。教师须全身心地致力于教育事业，在教育过程中不能持有对学生个人成长和智力水平的歧视或排斥态度，因为教师的核心任务在于培养和引导学生。简言之，如果教师的日常工作不以育人为终极目标，那么他们所从事的一切教育工作将失去意义和价值。育人是一个相当综合的理念，即塑造有思想、内涵、道德品质和责任感的优秀学生。从情感角度来看，学生的完整性体现在他们对客观世界的认知和理解水平。评估教师是否达到道德标准涉及对学生的个性、心理健康、对美好事物的热爱和追求进行评估，以判断教师是否履行了其伦理义务。在教育过程中，教师需要传授身心健康、社会道德和专业知识等内容，与国家素质教育中提倡的全面培养德智体美劳的目标一致。因此，从教师的角度来看，要追求专业发展，首要任务是从情感发展出发，重视培养和提升社会责任感和教育使命感。要成为合格的教师，必须将个人情感与社会情感发展结合起来，设定以健康和安全为导向的教育目标。值得注意的是，如果我们优先考虑认知和发展，不否定公民义务，有助于提高认知发展的意识。因为公民最基本的义务之一是遵守社会伦理准则，这要求公民首先理解这些准则，只有明确了解才能更好地发展。

综上所述，教师体现内在职业素养的有效途径之一就是师德境界，也是体现教师价值观的最佳方式，是教师专业发展内在价值的最佳体现。由此可见，影响教师专业发展的三大要素之间是相互独立却又相互依存的关系。

2. 教师专业发展中环境与知识的内在联系和相互影响

在积极培养专业知识的过程中，教师须积极参与嵌套式环境中的个体互动，以促进自身的发展和进步。研究影响微观系统互动的因素时，可以从角色和人际关系两个维度入手。在研究促进个体人际互动关系发展的过程中，应关注关键社交角色，如同事、领导、学生和家人，这些角色在教师的各个发展阶段都对其产生着重要影响。此外，高等教育机构的管理者应当敏锐地理解教师在不同时间点的内在需求，并提供相应的支持和协助，以促进其专业成长。例如，某些教师可能在专业发展中遇到自我怀疑和焦虑情感，或者难以与同事保持正常的人际关系，感受到孤独。在这种情况下，学校领导应主动进行情感沟通和交流，帮助解决问题，满足不同教师的内在需求，从而提升他们的专业信心和决心。

综上所述，构建教师专业发展的社群是促进教师专业成长的有效途径之一。学校领导可牵头组织教师，共同设立一个互助学习和交流的组织，明确共同的成长和发展目标，促使教师分享兴趣爱好和工作心得。在这种社群中，教师可以轻松找到自身的认同感，建立专业研究团队，共同追求目标。总之，学校鼓励教师主动性地组建专业发展社群，将志同道合的同人结合起来，以实现更高水平的专业成长。此外，教师也可以自发地创建专业发展社群，以激发兴趣，找到教育事业的价值和意义，提高自身的道德水准。

（二）高校教师专业发展的动力机制——竞争发展

在经济学理论的背景下，竞争是一个关键的概念，特别是在市场经济机制中，竞争的角色变得尤为显著，因此值得深入分析和研究。竞争可以分为两种类型：在广义的意义上，竞争涉及社会中不同个体之间的竞争性争斗，这种争斗并不一定是为了追求经济利益，而是源于人们的竞争心态；在狭义的意义上，竞争指的是在商品社会中，个体为争夺经济利益而采取各种手段进行斗争，试图削减对手的市场份额以获取更大的利润，这种类型的竞争常常导致财富不均的现象，同时也有可能形成产业垄断。随着个体逐渐被合并或吸收，强大的个体不断壮大，从而实现更为持续的发展。因此，在探讨教师专业发展时，我们可以借鉴竞争发展理论的思想，这为相关研究提供了一种新的思考方向和研究取向。

1. 高校教师专业发展内动力：发展

教师专业发展的概念实质上涉及可持续发展，并成为现代生态文明的重要表现。从生态文明的角度来看，教师专业发展应归属于生态学领域。在市场经济环境下，社会系统中涌现的生态文化需要深入分析和研究其基本特征，以更好地应用这一概念。从根本上说，生态系统代表了生成和消费的综合过程。在生物界，植物通过光合作用吸收阳光能量，促进其生长。草食动物食用植物获得生长所需的能量，并储存能量，形成了相对完整的能量转化产业链，类似生产流水线，缺少任何一环节都会导致整个系统无法正常运转。类似地，生态系统本质上是消耗和分解系统的综合体，物质通过消费从一个物体过渡到另一个物体，同时在过渡过程中受到微生物的分解。因此，在这种不断循环的生产过程中，我们清楚地观察到物质和能量的交换及二次利用。在这一过程中，生态系统周围的环境也在相应地变化。在自然状态下，生态系统能够最大限度地利用一切有益资源。资源利用效率是指生态系统充分利用物体特征的效率，它在单位时间内去除无用物质，释放更多能量。因此，生态系统的建设过程涉及充分利用各种资源，不过多关注物质和生物个体的数量和质量。

此外，生态系统还具备稳定性和调节性两个显著特征，即自我调节和自我恢复的能力，同时对周边环境起到一定的调控和稳定作用。这表明，明确教师专业发展目标时，以构建生态文明系统作为指导原则是至关重要的。学校本身类似一个完整的生态系统，具备有效调控和维护教师工作环境的能力。简而言之，教师的专业发展目标应该基于校园生态文化环境的建设。在高等教育生态系统中，我们努力构建充分利用各类教育资源、具备较强稳定性和多样性的生态系统，以使生物个体或组织在其中能够稳定和谐相处，实现生态系统中的消费和生产过程，同时改善和净化个体周边环境。竞争的定义在此不涉及绝对对立和恶性斗争，而是指在生态文明系统内以和谐共存为基础的良性竞争。从竞争理论角度来看，良性竞争需要关注和谐共处、构建反复循环系统、合理利用资源、调节个体负面情绪和自我肯定五方面。明确和平和谐共存的基本原则是解决人口增长与资源分配不均等挑战的关键，特别是在城市化不断加速的情况下，城市居民的生存空间受到挤压，资源逐渐被剥夺，城市生态系统也随之受到影响。因此，人际和谐共处对于城市生态文明系统的成功构建至关重要。

对中国而言，建设生态文明和谐的新城市是当务之急，而全球需要解决的挑战是在城市化进程中如何处理人口增长与资源分配不均的问题，以避免恶性竞争和相互剥削。全人类和全世界都必须实现和谐共存，既是一次发展机遇也是一次生存挑战。在生态文明中，物质循环利用是关键。在节约型社会中，资源需求不断增加，物质再利用是缓解资源需求压力的有效途径，即所谓的节俭。竞争的本质是争夺和再利用资源，只有实现资源的循环利用，才能有效地掌握和利用已有资源，与自然选择的优胜劣汰原则相符，两者都涵盖适者生存的概念。然而，社会经济快速发展和多项目的重复开展，受到系统控制限制，导致资源浪费。在各方利益博弈中，资源浪费难以避免，但也受政治、经济和文化等因素的制约。从整体社会角度来看，需要建立引导和控制机制，以平衡社会竞争问题，对竞争进行适度调控，以实现可持续的社会竞争。此外，生态文明还体现在物质和财富分配方面，特别是在市场经济下，供给侧管理概念强调发展目标是满足实际需求，而不是过度追求利益分配。从生态文明的视角，生态系统在一定程度上能够改变产业结构、消费方式和经济增长模式，对社会伦理、道德和价值观产生一定的影响。综上所述，生态文明系统中亟待解决的问题之一是如何分配和利用有限的地球资源。

2. 高校教师专业发展外动力：竞争

生态竞争不同于一般的市场和经济类竞争，因为从竞争的自身特点出发，生态的竞争是一种对成本资源节约的竞争；而根据竞争主体之间的关系，能看到生态竞争又是一种互利且能够促进双方得到实惠的竞争。从高等教育发展的高度来看，生态竞争又是一种互补的竞争。生态竞争是非常关注和重视竞争成本的，因此，在考虑规划与发展的时候首先要把成本收益放在重要的位置。从高等教育竞争的整体来看，由于有很多的竞争者，高校及高校教师在实际工作中获得的利润还只是全部利润的一部分，而不是全部，所以对于教师而言也要考虑到最大化的发展。例如，从企业竞争来看，企业就认为最大化的利润就是自己把所有的竞争对手都给打败，并且获取这些对手的竞争份额的同时能获得利润。这样，企业为了实现这个目标，就会不计成本、毫无章法地进行竞争活动，并且尽一切可能与竞争对手互相打击，这样也就会出现不良的竞争和恶性的竞争，这样下去的结果就是会失去诚信、失去利润和地位。所以，在高等院校采用生态竞争，就是看到了竞争这一个本质的特征，把利益的成本提高到对竞争行为优先考虑的地位。此外，生态竞争是要求竞争双方能够实现互惠互利性的，是要互利和谐、共同合作的。在高等教育中要实现教师间的生态竞争，就是在教师和其他教师竞争对手之间达到一个能够双赢和互惠互利的平衡点，让大家将原来互相排挤或者互相提防的关系转变为合作的关系。当然，在生态的竞争中还有个互补性。从目前发展的角度来看，企业之间有互补的关系，就在无形中能够使行业在发展空间上不断扩大，在发展领域的扩展及最后实现利润增长上都有所体现。竞争者之间互补的关系是把大家竞争所带来的冲突慢慢弱化，引导大家去降低成本，最后能够把收益提高。

随着我国在高等教育事业发展上越来越迅速，高等教育的国际化趋势也日益增强。这样，在市场经济的大环境下，高等学校之间的竞争也在不断地激烈和强化。因此，对于学术界而言，为了能够探寻到如何能够解决高等教育竞争而实现的良性循环、避免恶性竞争所带来的问题，很多学者都将生态竞争的理论应用到了高等教育之中。

3. 专业发展在竞争动力机制下的运作手段

竞争动力机制指的是在同一事物中对事物发展与结构变化在不同的层级产生推动作用的力量，以及对事物的产生和传输产生一定作用的机理方式。从教师专业发展的角度来看，其动力机制指的是促进三大影响要素之间相互推动、相互促进的机理方式。简单而言，就是教师在专业发展的过程中，将各种功能、结构和条件融合成一个有机的整体，以影响个体内外环境因素的方式呈现其实际作用。想要进一步促进教师专业的发展，就必须以竞争动力机制为媒介，调动教师的内部力量与外部生态环境相结合，从而实现并达到预期的发展目标。

（1）竞争动力机制的类型。内生动力机制是教师专业发展机制的基本类型，即影响教师专业发展的各动力和要素相互作用下形成了有机体系和结构方式。内生动力机制对教师专业发展产生决定性的作用，影响着教师能否顺利且有效地进行专业发展。从教师专业发展的角度来看，内生动力机制本质上就是给教师指明一个专业发展的方向和目标，并在发展过程中实施这一动力机制。而教师的外生动力机制指的是影响外生动力的各结构要素之间形成的有机整体性结构方式，对专业发展的外在因素产生一定的影响，通过理论与实践相结合的方式促进并影响各种外在因素。由此可见，从教师专业发展的理论角度来看，竞争性的创新型动力机制才是确保教师顺利完成专业发展的根本动力。

在教师专业发展的过程中，其外生动力机制对专业发展外在关系和机制的形成和发展产生一定的影响，其主要功能在于确保教师能够更好地实现专业发展的目标，为专业发展注入新的原动力，并在发展过程中由内在动力催生出外在动力，两者相互融合、相互促进。在专业发展过程中，存在一种联动机制，能让各种影响因素之间相互作用、相互制约，以确保教师在专业发展的过程中不会偏离预定的轨道。通过良性竞争的方式催生出激励机制，以激励机制来辅助动力机制，达到相互协作、循序渐进的效果，确保教师专业顺利的发展。整体来看，在教师专业发展的过程中，这种联动机制起到的是整合和发展各种影响因素的作用，本质上就像是连接不同要素之间的纽带，其存在的价值和意义在于实现工具理性与价值属性上的辩证统一，为教师专业的发展提供源源不断的活力。

（2）教师专业发展在动力机制下运作过程及手段。教师在专业发展的过程中需要凭借一些方式和手段来确保竞争动力机制良好地运行，使其得到进一步的发展与壮大，以此来避免因内生动力不足或过剩的情况导致专业发展受阻。综上所述，教师专业发展的动力机制主要分为五个环节：

第一，动力的开发。开发动力环节针对的是专业发展过程中涉及的内在、外在和联动的动力。其本质上就是开发动力源泉，在教师专业发展的过程中根据自己的需求去开发新的动力并加以利用。由此可见，教师对内在动力的需求越大，就越容易获得更多促进专业发展的原动力。但这个需求要讲究一个适度原则，不能过于偏激，要被约束在合理的框架内，这样才能确保开发动力的方向是正确的。

第二，动力的转化。转化动力的过程其实就是动力以潜在形态存在的过程，在特殊情况下经过转化以后形成现实。教师在专业发展的过程中，自身的行为受到职业规范的约束和管理，逐渐向正确的方向发展。转化动力的过程存在于教育的主体与客体之间，相当于对一切事物产生认知欲望的过程，通过激发行为动机的方式来实现预期的目标。教育的主体是社会，社会对教育决策采取的行动产生决定性的影响。所以，教师在专业发展的时候，需要结合其实践形态，在理论与创新需求之间实现动力的转化，从而为教师专业发展的实践提供新的原动力。

第三，动力的培育。从教师自身发展的角度来看，其专业发展需要获得持续稳定的原动力，而动力不仅来自外界的输入，还要来自内在的培育。教师要经过长期的坚持和积累培育出内生原动力，这样才能确保专业发展持续进行，并达到最终的发展目标。

第四，动力的分配。教师专业发展的动力经过开发、转化和培育以后，需要对其进行合理的分配，才能为教师提供发展动力，才能调节和稳定影响教师专业发展的各因素。

第五，动力的监控与反馈。动力的监控与反馈环节是在开发、转化、培育和分配动力之后进行，其目的在于对动力机制的执行情况及对教师专业发展的促进情况进行综合性评估和反馈，以便于及时调整竞争动力机制，使其能够确保顺利完成教师专业发展目标。

4. 教师专业发展的动力机制特征

教师专业发展的动力机制，其运行是按照一定规律进行的，有一定的目的可循。在研究其发展大小、方向和目标方面可以从以下三个角度进行，即动力机制的盈亏、正负向、增量和变异。

（1）正负动力的演变规律。在教师专业发展过程中，不是所有动力都具有积极正面的促进作用，也不一定都推动教师专业前进。因此，根据动力的性质，我们可以将其分为正向和负向两种类型，这两种动力类型对教师专业发展的影响和意义存在明显的差异。正向动力有助于引导教师积极主动地发展自己的专业技能，而负向动力则可能妨碍这一进程。因此，受动力机制的影响，教师专业发展在正向和负向动力之间的相互作用下，遵循一定规律不断向前推进。

从教师专业发展的角度来看，它的不断前进实际上是在受到正向动力的推动下不断进行的。正向动力与教师专业发展的方向和目标是一致的，因此能够积极促进教师专业的稳定发展，并在实践过程中产生实际影响。总之，在教师专业发展的过程中，要确保其持续发展，首要条件是确保教师能够激发积极的正向动力，并在发展过程中保持这种动力的活跃，否则可能会受到其他因素的干扰而停滞不前。从教师专业发展的进程来看，当正向动力超过负向动力时，教师就能够顺利实现专业发展目标，否则可能受到外部因素的干扰，甚至会出现倒退的情况。

此外，要将一种动力转化为正向动力，必须满足两个前提条件。首先，该动力必须与人和社会的发展规律保持一致，因为教师专业发展遵循特定的客观规律，有许多不同类型的动力，但它们之间的性质和作用存在根本差异。要使其成为正向动力，必须符合人类和社会的一般发展规律，因为教师专业发展基于对这些规律的认知和理解，如果脱离了这一现实，就无法转化为正向动力。其次，该动力必须符合人和社会最终的发展目标，评判标准在于该动力是否对人和社会的发展产生积极促进作用。如果与人和社会的发展需求和方向一致，就有可能转化为正向动力；否则，就不会。对于教师而言，他们所需的正向动力必须与人和社会的发展规律和需求保持一致，这样才能产生积极促进作用，确保教师专业持续稳健地发展。

第一，教师专业发展的正向动力及表现。教师专业发展过程中的正向动力可以通过以下方向具体呈现：首先，正向认知方面，这意味着正确理解和认识教师专业发展的性质、功能和地位，深刻认识到其在社会中所产生的价值和作用。其次，在实践方面，各参与者应积极参与理论和实践研究活动，将理论与实践紧密结合起来，以认知实践促进教师专业的全面深化。最后，在理论方面，需要创新和完善教师专业发展理论。通过生态发展理论和生态竞争排斥理论的视角，创新和完善教师专业发展。基于伦理道德、经济学理论和生态学理论，我们可以构建全新的教师专业发展内容，充分体现教师在专业发展中的创新精神和意识。通过实践活动来验证创新理论的可行性和科学性，为教师专业发展注入持久的活力。

第二，教师专业发展的负向动力及其体现。在教师专业发展过程中，教师可能会面临多种负面因素，这些因素与其职业成长方向相抵触，可能对其专业发展构成障碍，甚至使其偏离原有的职业道路。要使某一因素成为负面因素，通常需要同时满足两个条件：首先，它必须与社会发展规律背道而驰；其次，它必须对社会发展产生一定程度的破坏和阻碍。造成这些负面因素的原因有多个，主要包括以下四点：

一是，教师专业发展认知方面的原因。如果社会各界未能充分认识到人与社会发展规律对教师专业发展的重要影响，那么他们将忽视教师职业发展的现实情况。例如，在很长一段时间内，许多人对教师职业发展的价值和意义缺乏清晰的认识和定位，这部分原因在于大多数研究侧重于社会发展的效率问题，而忽略教师职业发展的其他方面。社会更加强调经济利益，而忽视了社会责任感和社会发展的共同目标，这种侧重于物质外在价值而忽略了人的内在价值及其实现途径的现象，可能阻碍了教师专业和社会经济的协同发展，使其呈现明显的形式主义。

二是，实践方面的因素对教师专业发展产生了负面影响。不同教师在专业发展过程中对发展内容、方向和方法存在一定的分歧，这很容易导致专业发展受到干扰。个人主观利益的驱动可能导致专业发展走向功利化，这在很大程度上对教师专业发展产生不良影响。

三是，教师专业发展的呈现方式也对其效率产生了负面影响。现代社会正经历转型阶段，人们可能在现实生活中感到困惑和迷茫。同时，教师专业发展方法存在一些缺陷和不足，导致效率较低，很难被社会广泛认可和接受，这可能导致信任危机和否定情绪，从而限制了教师专业发展的顺利进行。

四是，教师在专业发展中面临的负面因素揭示了存在的问题和挑战。我们需要研究如何最大限度地减少这些负面影响，以防止教师专业发展走向教条化、形式主义和功利化的错误路径。在教师专业发展过程中，竞争应该被视为一个出发点，要求教师之间相互竞争以提高自身专业知识和技能水平，加强对教师专业发展的认识和理解，进一步提高教师的道德水平，这将有助于将专业发展中的压力转化为可持续的积极动力，为教师专业发展提供源源不断的生命活力。

（2）动力盈亏的联动规律。教师专业发展动力具有动态性特征，因为其强度存在差异，呈现为盈余和亏损两种状态。在某一时间段，动力可能过剩，导致盈余状态；而在另一时间段，动力可能不足，导致亏损状态，这两种状态都对教师专业发展造成一定的阻碍。

第一，盈余动力表示教师专业发展处于竞争和极端方向发展，与过剩状态相对应，具有唯一性和超越性。

第二，亏损动力相对于不足状态存在，理论和实践上的因素会抑制和约束教师专业发展动力，如无用论、过时论和合法性危机论等。

第三，在竞争动力机制的作用下，教师专业发展动力会在盈余和亏损状态之间交替，这体现在以下方面：一是动力的盈亏并非唯一限制教师专业发展的因素，而是在发展过程中不断变化，既促进又阻碍。二是盈余和亏损状态存在一定的辩证性，一个状态的出现必然伴随另一个状态的出现，它们相互转换相互影响。三是专业发展需要尊重教育与教师个人的发展规律，将其与现实社会生活联系起来进行研究。四是盈亏动力预示着发展机遇和挑战，它们是相对的概念，具有促进发展和变革的作用。五是根据动力机制，当动力充足时，可以适度减缓其增长速度，以实现盈余平衡，这有助于教师专业发展；如果动力过剩，需要建立缓冲机制，引导和疏导过剩动力，而不损害教师专业发展积极性；如果动力不足，可以提高增长速度，采用竞争性激励机制，激发教师相互竞争和发展的活力，推动专业发展。

（3）教师专业发展动力增减的变异规律。教师专业发展本身呈现动态特征，其发展动力具有不同的性质和属性。教师专业发展动力主要分为两方面：一是动力的增量，二是动力的减量，这是相对于动力的增加和减少而言的。

在研究教师专业发展动力问题时，我们还需要考虑增量动力的概念。增量动力指的是在一定时间段内，动力的增长和维持的变化规律，这对教师专业的可持续健康发展具有决定性的影响，具有独特的演变规律。此外，教师专业发展具有一定的科学特征，将其视为一个有机整体发展的过程，建立在对教师专业发展特征的清晰认知和理解之上，这是确定思想、理论、方法和目标的重要参考依据。只有遵循一定的发展规律，统筹规划专业发展路线，才能实现教师专业发展的预期目标。

从哲学角度看，不同事物之间存在一定的关联性，这也是自然规律的一种表现。如果我们将教师专业发展视为一个独立存在的系统，那么该系统必须与其发展规律相一致，以确保教师专业发展成为一个有机整体，从而确定其存在的客观规律。教师专业发展在不同时期表现出不同的水平和层次，因此其需求和要求也各不相同。同时，教师专业发展内容的科学性决定了教师教学活动的合理性。

在教师专业发展的过程中，发展的主体、内容、过程和方式的科学性和合理性直接影响其整体特征。此外，它还影响了教师专业发展的理论、实践和组织等要素是否科学合理，对思想、政治和组织制度等方面都会产生不同程度的影响。因此，要使教师专业发展走上科学规范的道路，必须建立科学完善的发展机制。从教师专业发展的角度来看，其规律具有整体性特征，因此需要从整体出发来掌握专业发展的规律，并秉持互利共赢、平等和民主的原则，为教师的专业发展提供公平的发展动力。

教师专业的发展应该建立在平等互助的基础上，教师应该参与和专业发展相关的政策制定和管理决策，行使自身自主发展的权利。因此，从教师专业的多元化发展角度来看，不仅要满足教师自身的发展需求，还要满足整个教育系统未来的发展趋势和需求。

当前，许多高校高度重视为教师提供专业发展的机会和平台，开展各种专业培训活动，并取得了一定的成果。国内外高校经常举办培训交流活动和专业知识讲座等活动。然而，教师对待培训活动的态度各不相同。一些教师认识到培训活动对未来职业发展的积极作用，积极参与，并在短时间内获得显著提升。然而，有些教师并不重视专业培训活动，采取得过且过的方式，培训效果较差。因此，对于教师而言，制订职业和专业发展规划非常重要，这有助于保持竞争力，提高专业素质，实现持续健康稳定的发展。

外部环境因素也是影响教师专业发展的因素之一。制定适应当地社会经济和政治文化发展的政策可以积极促进教师专业发展，反之则会产生负面影响。因此，可以通过建立考核机制、坚定学术信仰和追求、提供公平公正的职业晋升途径等方式来促进教师专业发展朝良性方向发展。教师需要通过与同事互动交流，将竞争压力转化为发展动力，学校应组织教师成立专业发展中心和合作组织，提供互动交流的机会和平台。

教师专业发展受到竞争动力机制的影响，增量发展动力呈现出共时性特点。教师的专业发展不是静止不变的，而是在内外动力的推动下逐渐前进和进步。研究教师专业发展朝科学、民主、虚拟和日常化方向发展的过程是从数量变化到质量变化的转变过程。在这个过程中，不同的多元化动力，如科学、民主、现实、虚拟等，相互独立、相互依存，共同推动教师专业向正确的方向发展，这种相互联系表示教师专业发展的多元增量动力是相互协调存在的，共同决定了教师专业发展的程度。相互竞争则指的是教师专业发展内容、方法、过程和影响因素之间的矛盾和冲突。然而，不论是相互联系还是竞争，都受到内在需求和发展动力的共同影响，在不同的发展阶段表现出不同需求的增量动力，因此教师专业发展的增量动力具有共时性的特点。

第二节　高校青年教师专业发展的特征

青年教师的专业发展关乎学生培养、科学研究及高校未来，对学校发展具有重要的意义。高校青年教师作为知识传播、发明、应用的多重角色，其成长方式、专业要求、职业取向与其他阶段教师有所不同，也就意味着高校青年教师的专业发展有其独特性。归纳起来有以下特点：

第一，教学、科研的双重性。"教学和科研是高校教师的两大天职，是高校教师承担的最基本、最核心的两大社会角色。"[①] 由此可见，高校青年教师受过专门的学术训练，拥有一定的学术研究能力、潜质，但相当部分青年教师在接受高层次学历教育时并未有过教师职业所必须掌握的教育学、心理学相关知识的学习经历，使教师职业素养处于被忽视的状态，影响了高校青年教师教学能力的提升，使得青年教师在"教学关"面前有些力不从心。高校青年教师在专业发展的过程中，应将教学与科研紧密结合起来，两者不可偏废。高校青年教师只有正确处理教学与科研的关系，从实践中发现问题、提出问题，把探索精神、科学研究方法及问题意识带到教学中去，将科学研究应用于教学，才能深入浅出地将知识在教学过程中有效地传播和交流。

第二，内在的自主性、外在的差异性。"教师专业发展"侧重于教师自身内在的发展，强调的是教师个体的专业建设。教师不仅是专业发展的对象，同时也是自身专业建设的主体。自觉反思作为青年教师专业建设的内因，在青年教师专业发展过程中起着至关重要的作用，是实践知识转化为实践智慧的桥梁。高校青年教师拥有自主反思能力，才是实现从"他驱"到"自觉"过渡的有效途径。具备了这种自主意识，并将专业发展内化为自身不断提高的动力，才能确保高校青年教师专业发展不会流于形式，达到预期效果。高校专业类型繁多，不同学科专业千差万别，教师个体也同样存在差异。教师的个性决定了他们对于同样环境有不同的认知、反应和态度，决定了他们不同的发展道路。因此，应尊重差异，使不同层次、不同类型的青年教师可以依据学科专业发展的特点，融合个体发展的需要，从而完善专业结构，促进自身专业发展。

第三，发展过程的持续性、动态性。教师专业发展是一个持续的、动态的发展过程，不同发展阶段的教师，其专业发展构成要素也具有差异性。前一个阶段是后一个阶段的基

---

① 雷炜. 高校青年教师专业发展特征、现状及策略 [J]. 教育理论与实践，2018，38（24）：41.

础，后一个阶段是前一个阶段的延续和升华，各阶段之间相互联系、相互依赖、相互促进。当然，从量变到质变的过程并非一帆风顺，它可能会经历一个挫折期。教师的专业发展并非总是处于直线上升的状态，而常常会处于曲线发展的状态中。例如，费斯勒教师生涯循环模型的职业挫折期就是教师在工作上遭遇挫折，工作满意度下降，出现"职业倦怠"。但最终追求自我实现和专业发展的教师一定能够战胜挫折、克服危机。在从事教学、科研的过程中，教师通过借助外部环境中有利于自身专业发展的保障机制，拓展实践经验、提升科研能力及积累教学知识，从而逐渐成长为专家型教师。

第三节 高校青年教师专业发展的内容

一、高校青年教师专业发展的内容——培养教育情感

情感是对客观事物所持态度的体验。情感和认知、意志一起共同构成人们的心理过程，三者的区别只是相对的，在实际的心理生活中，它们相互联系、相互制约。情感指人的意识有某种倾向性，对人的行为有发动和抑制的作用。教师的情感必须符合教育的要求。教师应当是一个热爱教育事业和学生的人、一个愉快从教的人、一个能从育人活动中体验到无穷乐趣的人、一个能主宰自己情绪的人。积极而稳定的情绪生活，既促进了教师的专业发展，又有益于学生健康成长。以下探讨关于培养教育情感的内容和方法：

第一，学生关怀与尊重。青年教师应该积极表现出对学生的关心和尊重。了解学生的背景、兴趣和需求，与他们建立亲近的关系，这有助于建立信任和教育情感。

第二，情感智慧。培养自己的情感智慧，能够理解和管理自己的情感，以及理解学生的情感需求。情感智慧有助于更好地应对教育中的情感挑战。

第三，鼓励和支持。鼓励学生并提供支持是培养教育情感的一部分。鼓励学生的积极行为，支持他们克服困难，激发他们的学习兴趣和潜力。

第四，反思和自我提高。定期反思自己的教学方法和与学生的互动，以寻求改进的机会，这有助于更好地满足学生的需求并建立更积极的教育情感。

第五，教育沟通技巧。学会有效的沟通技巧，包括倾听和表达，以便更好地理解学生的需求并传达自己的期望。

第六，跨文化敏感性。在多元文化的教室中工作时，理解和尊重不同文化背景的学生，培养跨文化的情感智慧。

第七，心理健康支持。为了更好地支持学生，学习一些基本的心理健康知识，以便识别并提供帮助给可能面临情感困难的学生。

第八，专业发展机会。积极参与专业发展活动，如教育研讨会、培训课程和导师指导，以不断提高自己的教育情感能力。

总而言之，培养教育情感是高校青年教师专业发展中不可或缺的一部分，它有助于创造积极的学习环境，提高学生的学术成就和情感智慧。

二、高校青年教师专业发展的内容——形成教育技能

教育技能是通过练习形成的，熟练地帮助教师顺利地完成教育任务的活动方式。教育技能的掌握，能有效提高教师工作效率，使紧张的教育工作变得相对轻松，有助于教师将注意力更多地集中到教育创新上。基本教育技能的训练是青年教师专业发展的重要内容。

（一）学习动机激发技能

1. 学习动机的认知

在心理学中，学习被定义为由个体经验的获得引起的行为或行为潜能的相对持久的变化过程，这一定义的含义十分丰富，知识的获得、技能的形成、能力的发展、习惯的养成、价值观的确立、人格特质的定型等，都是学习的结果。

"学习动机指个体发动、维持其学习活动并使其指向一定学习目标的内部动力。"[①] 学习动机的心理结构主要包括需要和诱因两个因素。诱因是能够满足个体需要的客体、情境和条件。就两者的重要程度而言，需要是更为基本的因素。

2. 激发学习动机的策略

帮助学生乐学、愿学可采取以下通用策略和原则：

（1）明确陈述学习目标和任务陈述，使学生的学习行为具有明晰的方向感。

（2）增加学习内容的现实感，以学生熟悉的事例说明所要呈现的主题，使学生对学习的个人价值与社会价值获得切身的经验。

（3）提高学生的自我效能感，使学生对自己的学习能力有正确的认识，从而增强自信心。

（4）教师对每个学生都寄予积极的期待，以激励学生朝着教师所期待的方向努力。

（5）根据不同学生的实际情况，创造条件让每一位学生获得成功。

---

① 李华. 地方高校青年教师专业发展研究 [M]. 成都：西南交通大学出版社，2014：80.

（6）优化学生的学习成绩，学生喜欢的学科通常是他们学得好的学科，使学生对某学科有兴趣的最好方法莫过于把他教会。

（7）利用学习内容的新异性、悬疑性、差异性和不确定性，创设问题情境，引起学生认知冲突，激发学生好奇心。

（8）在可能的情况下，让学生独立发现新知识。

（9）采取直观的或学生参与活动等方式呈现教学内容。

（10）满足学生的基本需求，建立良好的师生、同伴的互动关系，提供一个安全、接纳、信任的教学环境，使学生在无防御的心态下做自由的探索。

（11）及时、充分地反馈学生的学习成果，使学生了解自己的学习情况，发现并及时改进存在的问题。

（12）适当借助考试、竞争等外界压力激发学生的学习动机，但要避免过分强调同学之间的成绩比较，以降低焦虑感。

（13）合理运用奖罚，但要避免外在奖励对学生已有的学习兴趣的损害及惩罚带来的负面效应。

（14）不要以降低分数或其他威胁的手段督促学生学习。

（15）鼓励遭受挫折的学生，教会他们正确看待和应对挫折，在挫折中提高自己各方面的能力。

（16）教师要以身作则。教师的敬业精神有助于学生认识到学习的价值，教师在教学的过程中表现出来的强烈成就动机，会成为学生效仿的榜样；教师对学科的浓烈兴趣会强烈地感染到学生。

（17）给学生提供自由选择、主动学习的机会，培养学生自我成长的内部动力，使其成为学习的主人。

（18）让学生懂得兴趣并非天生的，也绝非由学科性质所决定，而是更多地取决于自己的投入和体验乐趣的能力。

（二）师生的沟通技能

沟通是形成良好师生关系的前提条件，没有沟通，便没有教育。不容回避的是，时下的师生沟通遭遇到了前所未有的困难。相互理解和尊重变少了，对立和责难增多了。决定师生沟通状况的关键一方是教师。学生放弃或抵制与教师沟通，大多数是因为在过去的师生沟通经历中，学生体验到过多的委屈或不满。

第一，立场不同。身在不同的位置，扮演不同的角色，看待问题和处理问题便会有差异。正如管理者和被管理者，虽然有着共同的利益和目标，但对具体事务的态度难免存在冲突。教师是教育者，学生是受教育者，教师与教师容易沟通，学生与学生容易沟通，因为他们有共同的立场，因为教师与学生的立场不同，所以沟通起来相对有些困难。

第二，代际差异。代际差异俗称"代沟"，指两代人由于成长的背景不同，在价值观和行为习惯方面会有差异甚至是冲突。教师与学生就年龄而言通常是两代人，即使是年轻教师，他们实际上也已成为上代人的化身，他们代表上代人教育下一代，循环着授权者的价值规范。代际差异影响沟通，同龄人的共同语言多，两代人难免分歧多。而教师是站在"代沟"的最前沿与下一代对话的人，这种交流通常受到代际差异的纷扰，社会变迁越是迅速，"代沟"形成的周期便越短暂，"代沟"越深，沟通便越困难。

（三）行为的塑造技能

学生的行为问题是当今校园的普遍问题。矫治学生的不良行为，塑造学生的良好行为，是教师的重要任务。

1. 行为塑造的理论认知

行为塑造是行为主义学习理论的延伸和应用，是依据行为主义学习理论的基本原理，制定一定的程序来处理特定的行为，促使其产生某种变化的技术。自20世纪初华生的行为主义心理学产生以来，行为塑造技术得到了迅速发展，成为心理学应用的一个重要标志。行为塑造技术有一套规范的操作程序，对许多问题行为有明显的干预效果，是一项重要的教育技能。

行为塑造的理论基础是巴甫洛夫的经典条件反射理论、斯金纳的操作条件反射理论和班杜拉的社会学习理论。

（1）经典条件反射理论。巴甫洛夫将反射分为无条件反射和条件反射两种。前者是动物和人生而具有、不学而会的反射，后者是通过学习而获得的反射。在经典条件反射实验中，巴甫洛夫发现以下规律：

第一，条件反射的形成。经过条件刺激和无条件刺激的几次结合（强化），条件刺激取代无条件刺激，形成新的条件的刺激-反应的关系。

第二，泛化和分化。在条件反射形成的初期，类似条件刺激的刺激也会引起被试条件的反射，这是条件反射的泛化现象；此时如果只对条件刺激进行强化，对其他刺激不予以强化，一段时间后，被试对其他刺激的反应就会逐渐消失，这是分化现象。

第三，消退。已经建立起来的条件反射，若不再强化，反应的程度就会逐渐下降，直至不再出现。

（2）操作条件反射理论。斯金纳强调环境对行为塑造和行为持续的作用，认为行为既可作用于环境以产生某种结果，又受控于环境中偶然出现的结果，一种行为后出现了好的结果（强化），这种行为就趋向保持，持续下去就形成习惯；如果出现了不好的结果，则趋向消退。

强化有正强化和负强化之分，前者如给予一个愉快的刺激，后者如撤销一个厌恶刺激。强化有全部强化和部分强化两种方式，前者百分之百地强化，后者只给予部分强化。部分强化学习过程较慢，但一经学会便不会消退。

（3）社会学习理论。班杜拉的社会学习理论特别强调榜样的示范作用，认为人的大量行为是通过榜样的学习而获得的，不一定都要通过尝试错误学习和进行反复强化。榜样学习的过程分为四个步骤：

第一，注意。榜样的行为引起学习者的注意，可以是有意识的，也可以是无意识的。

第二，记忆。学习者通过不断再现榜样的表象，将榜样行为保持在记忆中。

第三，认同。学习者将榜样的行为纳入自己的行为中，并赋予其自身的人格特征。

第四，定型。在模仿的行为得到外部或者自我的不断强化之后，习得行为相对稳定建立并保持一定的形态。

2. 行为塑造的重要方法

行为主义论者认为，所有行为（正常的、异常的）都是学习的结果，不当行为乃是由个体在过去经历中的不当强化或模仿造成的，革除不良行为，要经历一个重新学习的过程。通过重新学习，用对刺激的适当反应来替代原有的不适当反应。以下探讨系统脱敏法、厌恶疗法和示范疗法。

（1）系统脱敏法。系统脱敏法是20世纪50年代由精神病学家沃尔朴创立的。沃尔朴的实验研究和临床治疗表明，当引起焦虑的刺激存在时，造成一个与焦虑不相容的反应，就能引起焦虑的全部或部分抑制，从而削弱刺激与焦虑之间的联系。也就是用放松的方法减弱当事者对引起焦虑刺激的敏感性，鼓励其逐渐接近所焦虑的事物，直到消除对该刺激物的焦虑感。系统脱敏法的一般治疗程序如下：

第一，建立焦虑等级层次。依据求治者的主观感受，治疗者与求治者共同设计出一个对焦虑情境的由轻到重的分级表。

第二，进行放松训练。放松训练是对身心活动的自主控制学习。治疗者指导求治者学习放松身心的技巧，把注意力集中在身体肌肉的活动及保持心境平静上，养成随时可以放松自己以抵制外在刺激干扰的习惯。通过放松训练，用身心松弛的反应来替代焦虑反应。

第三，想象脱敏训练。让求治者在身心松弛的状态下，从最低层次开始，想象引起焦虑的情境，并用手指示意主观不适层次。如果想象焦虑情境时，身心可保持松弛，就进入较高一层次的想象。如果想象时出现焦虑情绪，应尽量忍耐，不可回避或停止，并同时进行放松训练予以对抗，直至达到最高层次的焦虑情境也不引起焦虑反应时候为止。

第四，实地适应训练。让求知者在实地情境中，从最低级到最高级，循序渐进逐级训练，最终能够平静地对待焦虑情境。

（2）厌恶疗法。厌恶疗法是应用具有惩罚性的厌恶刺激来矫正和消除某些适应不良行为的方法。其基本原理是让欲戒除的目标行为与某种不愉快的惩罚性刺激结合出现，以对抗原已形成的条件反射，形成新的条件反射，用新的行为取代原有的不良行为习惯。

临床上常用的厌恶治疗方法有电击厌恶疗法、药物厌恶疗法和想象厌恶疗法三种。教育实践中常用的是想象厌恶疗法，这是将对厌恶情境的想象与异常行为结合起来的治疗方法。如有某种不良行为习惯者，当其出现不良行为或欲望时，让其立即闭上眼睛，想象自己曾因此种行为被批评、惩罚的场面和由此产生的痛苦情绪，以达到减少或控制这种不良行为或欲望的目的。有时也采用由电击厌恶疗法演变而来的橡皮圈疗法，在手腕戴上橡皮圈，当不良行为和欲望出现时，立即用橡皮圈弹击皮肤予以阻止。

（3）示范疗法。教育者提供示范，让学习者模仿，进而达到教育目的。不良行为的形成不少是缘于过去身边缺乏适宜榜样而向不当学习对象学习所致。示范可采用多种方式，如治疗者本身的示范，生活中他人所提供的示范，电视、录像或有关读物所提供的示范，生活中其他人所提供的示范，在角色扮演中模仿、再现角色的行为等。

3. 行为塑造技能的训练

行为塑造的目标行为是有待处理的行为，或者说是努力使之发生变化的行为。目标行为可以是需要革除的不良行为，如抽烟、网络成瘾行为等，也可以是有待培养的良好行为。目标行为应该是客观的、可观察的和可测量的，不可模糊笼统（如缺乏学习动机）。

选择目标行为时，还必须分析行为和环境因素的对应关系。明确问题行为是因为受到哪些背景线索的强化而习得的，在怎样的情境中会出现适应行为，以便于随后的行为干预。

判断学生的某一行为是否确实属于问题行为，是行为矫正中极其重要而又常被忽视的问题。被某些家长、教师甚至是学生本身认定的"问题行为"，可能是一个很正常的行为，强行矫正会带来严重的不良后果。

三、高校青年教师专业发展的内容——构建教育关系

教师的教育人际关系是教师在教育活动中形成的一种特殊的社会关系。它由师生关

系、教师之间的关系、教师与校领导之间的关系及教师与学生家长的关系构成。教师在良好的教育人际关系中成长，教育人际关系的构建、深化和冲突妥善处理的过程也是教师专业发展的过程。

（一）青年教师与学生的关系

教师与学生的关系是教师教育人际关系的核心，教师的其他人际关系都是围绕着这一关系构建并为之服务的。

1. 师生关系的特性

师生关系是一种制度性的人际关系。与日常生活中的人际关系不同，它具有以下特性：

（1）教育性。教育性是师生关系的最基本特征。师生关系的缔结是为了让学生在教师的教育下得到健康发展。教育性决定了师生关系必须以学生为中心，学生的发展是教师的最高利益和追求，这里容不得任何功利算计。一事当前，权衡其得失与功利是常人再自然不过的反应了。

（2）不可选择性。作为一种制度性安排的人际关系，教师不能任意选择学生，更不能随意终止客观的师生关系。无论遇到怎样的学生，教师都要接纳他、热爱他、培养他，这与日常生活中的自主自愿的人际交往大不相同，日常生活中，对于不愿意交往的人，可以回避，甚至拒绝。而作为一名教师，对于不喜欢的学生，不仅不能回避，反而需要更多地与他接触，学会真正地从内心里喜欢他们，因为他们通常是需要教师给予更多帮助的群体。

2. 师生关系的一致性与冲突性

师生关系既有一致性，也有冲突性。一致包含着冲突，冲突的有效解决又增强了一致性。只强调一致性，忽视甚至回避冲突性，这样的师生关系可能就缺乏教育性。只有冲突性，缺少一致性，就是对立的师生关系。

（1）师生关系的一致性。教师和学生都是为着一个共同的目标而走到一起的。学生为了实现自身的最佳发展而寻求教师的帮助，教师为了能够提供这种帮助而参与到教育活动中。教师和学生的根本利益和共同目标是一致的。因此，学生天然就有"向师性"。他们尊重教师、喜爱教师，愿意听教师的话，希望得到教师的帮助和关注，这种"向师性"如果能得到不断地强化，会影响学生的整个学生生涯甚至终生。

（2）师生关系的冲突性。师生关系有着天然的冲突性。学生是需要在教育中加以改变的人。被改变者通常对改变者持有敷衍、回避甚至抵触心理。人皆有惰性，纵然他们有自我改变的愿望，在漫长而艰难的过程中，也需要教师的提醒、督促甚至是某种程度的强制执行。

（3）青年教师如何优化师生关系。教师关系对于青年教师而言，既是一个全新的关系，又是个早已熟悉的关系。对于作为教师的师生关系，青年教师较少体验，而对于作为学生的师生关系，青年教师已有很多年的经历了。学生喜欢怎样的教师，他们有着太多的切身感悟。

第一，注意树立威信。教师的威信是教师在学生心目中的威望和信誉，是师生之间一种积极而肯定的关系的表现。一般而言，由于教师的社会威望和在教育过程中的主导作用，加之学生对教师的好奇和期待，青年教师在学生心目中是有一定威信的，这种威信通常被称为"不自觉威信"。在此后的教育活动中，教师的工作业绩、高尚的人格、渊博的学识和娴熟的教育技能逐渐被学生了解，师生间的感情日益加深，这种"不自觉威信"也就发展成为"自觉威信"了。但是，如果教师对待工作虎头蛇尾，开始认真负责，后来敷衍塞责，或者以后在品德、学识、能力等方面让学生失望，那就不仅难以建立起"自觉威信"，而且连最初的"不自觉威信"也会丧失殆尽。

青年教师要注意细节。学生常常从"细节""小事"中评价教师。教师仪容端庄、平易近人、处事公正、讲究卫生等，都会给学生留下美好的印象，并对他们产生深刻的影响。

青年教师要妥善运用第一印象。教师和学生初次见面及上头几堂课时给学生留下的印象，往往非常深刻，因为学生对新教师非常敏感，对其一言一行高度关注。教师给学生产生的第一印象通常是学生评价这位教师的基调，不良的第一印象改变起来比较困难。因此，青年教师在与学生第一次见面时，要力争给学生留下亲切温和、可以信赖的印象。在上头几堂课之前，一定要认真准备，以取得较好的教学效果。但是，新教师切不可以满足于给学生留下良好的第一印象，因为这仅仅是威信树立的开始。良好的第一印象提高了学生对教师的期待标准，如果以后教师总是达不到这一标准，甚至差距越来越大，就会使学生有所失望，这样第一印象就会受到影响。

第二，适应当代学生的态度表达方式。学生要尊敬教师，但在不同时代学生对尊敬的理解和表达方式有着较大的差异。过去的学生大多数表现为敬畏，对教师毕恭毕敬。当代学生有着更平等的多样化的表达方式。他们有可能通过开玩笑、亲密的肢体语言、与教师争论等表达方式表达对教师的偏好和喜爱。有些教师不习惯，理解为是学生对自己的大不敬，甚至愤然相对，让学生伤心不已。

（二）青年教师与同事的关系

良好的同事关系是教师专业发展和身心健康重要的支持系统。教师是一个社会的高素质群体，又担负着神圣的育人使命，与其他人际关系相比，师生关系相对单纯、易处。但也并非必然如此，在一起工作时间长了，难免产生人际摩擦和矛盾。教师要妥善处理师师关系，让自己在教师群体的发展中成长。

1. 教师关系的一致性与冲突性

教师集体是一个利益共同体，每一个教师又是一个相对独立的利益主体。教师之间既有着根本利益的一致性，又有着具体情境中的冲突性。

（1）教师关系的一致性。教师劳动虽然主要以个体的形式进行，但教育成果却是教师集体协作努力的结晶。学生的发展是教师集体教育的结果。学科知识相互渗透、互为基础、彼此促进，一个教师的学科教育效果依赖于相关学科的教师教学状况，同时，又制约其他学科的教学。学生不当行为的革除和良好行为习惯的培养，需要教师集体的通力合作。

教师群体是教师个体成长的重要资源。教师个人的专业发展，需要从教师群体中汲取营养。优秀教师集中的学校，往往带出更多优秀教师，形成良性循环；反之，则很有可能出现恶性循环。优秀的教师群体，能激发教师个体的成长动机，给教师个体提供多方面的榜样示范，给教师个体提供更有效的指导。

（2）教师关系的冲突性。教师关系的冲突性主要体现在教师之间的相互竞争和利益冲突方面，这种冲突主要源于同行之间竞争有限名誉和资源的需求。在同一所学校，因名誉和资源有限，很容易出现竞争和争夺的情况。特别是在当今的学校环境中，采用了量化考核、名誉和经济激励、竞争导向的评估和管理机制，教师之间的冲突性更加显著。

2. 青年教师如何处理与同事的关系

建立和谐教师关系的关键，在于巧妙处理一致性与冲突性这一对矛盾，正确处理由冲突性引发的各种问题，从中寻求统一，追求协调。对于年轻教师在处理与同事之间的关系时，应注意以下方面：

（1）视己如学生。在学生面前，青年教师需要维护教师形象，但与同事相处时，可以将自己置于学生的角色，这种观点通常符合实际情况，因为许多教师在年龄、教育经验和教学水平方面处于师父辈分，这一立场有助于塑造尊重和谦卑的态度，不会计较同事的言行，促进更好的同事关系，有助于个人成长。年轻教师不应认为自己经历了多年学生生活，终于成为教师，就不应将自己视为同事的学生，这种态度会限制自身发展。通过保持谦逊的心态，有时会获得更多同事的尊重和支持。

（2）积极关注同事的优点。积极关注意味着要看到他人的优点，以促进自己的成长。如果总是关注他人的缺点而自夸自己的长处，那将难以实现个人成长。由于每个人的起点、受教育时期、成长经验不同，新进入行业的人容易轻视行业的前辈。但学习应该是取长补短的过程，不应因为别人有不足而拒绝学习他们的优点。年轻教师通常有自己的优势，而中老年教师则有自己的长处。因此，年轻教师应虚心向中老年教师学习，了解他们的限制，不断自我警醒、勤奋学习、与时俱进，以避免被时代抛弃。

（3）珍惜同事关系。在茫茫人海中，有幸与同事建立联系已经是不易之事，所以应该格外珍惜这些关系。要尽力帮助同事，因为帮助他人也是在帮助自己，自私不会带来实际的利益。

（4）肯定同辈的强者。同辈中的强者可能会引发嫉妒情绪，但实际上，他们是个人成长的动力和榜样。年轻教师应该以自我为中心，看到强者的存在是一种启发，他们提供了可供学习的示范。

四、高校青年教师专业发展的内容——塑造教师人格

高校青年教师的专业发展是一个综合性的过程，塑造教师人格是其中一个重要方面。教师人格的建设不仅关系到个人的职业发展，还关系到教育质量和学生的成长。

第一，专业道德与伦理。高校青年教师应该树立崇高的专业道德和伦理标准，这包括对学生的尊重、诚实与公平对待学生、遵守学校的规章制度，以及保护学生的隐私和权益等。培养这种道德伦理观念是塑造教师人格的重要环节。

第二，教育使命与愿景。高校青年教师需要明确自己的教育使命和愿景，即为何要从事教育工作，以及他们希望在教育领域取得怎样的成就，这有助于建立坚定的教育信仰，激发教育热情，引导行为和决策。

第三，自我认知与反思。高校青年教师应不断进行自我反思，审视自己的教育实践和教育效果，以便不断提高。了解自己的优点和不足，以便改进自己的教学方法和与学生的互动方式。

第四，教育情感智慧。教师需要培养情感智慧，即能够理解和管理自己的情感，并与学生建立积极的情感关系，这有助于创造支持性的学习环境，提高学生的学习成绩和情感健康。

第五，专业成长与学习。高校青年教师应积极参与教育相关的持续学习和专业发展活

动，这包括参加教育研讨会、培训课程，阅读教育研究文献，与同事交流教学经验等，以保持教育知识的更新和提高教育技能。

第六，多元文化意识。在今天的多元文化社会中，高校青年教师需要具备多元文化意识，尊重不同文化背景和价值观的学生，创造包容性的教育环境。

第七，领导与创新。教师不仅是知识传授者，还可以在学校和社会中发挥领导和创新的作用。高校青年教师可以积极参与学校管理和教育改革，提出新的教育方法和理念。

第二章 高校青年教师专业发展的项目建设

第一节 高校青年教师专业发展需求与项目设计

一、高校青年教师专业发展需求分析

（一）高校青年教师专业发展需求的特征分析

高校青年教师专业发展是一个连续的、动态的，贯穿职业生涯始终的过程。基于青年教师专业发展的长期性、系统性、复杂性，其专业发展需求不仅具备共同的表现特征，也将呈现多样化、个性化、差异化等特点。在加强青年教师专业发展需求影响因素分析的基础上，进一步了解和认识青年教师专业发展需求的共性特征和个性特征，使我们加强分类指导，做好统筹安排的前提条件，对于促进各类青年教师专业能力的科学发展、全面发展、均衡发展具有重要意义。

1. 共性特征

共性特征是指不同事物的普遍性质。不同的青年教师虽然具备不同的专业发展需求，但从总体上看，不同个体的需求聚合在一起之后会呈现出共同特质，这些特质具备普遍性、共通性。"青年教师专业发展需求共性特征的归纳分析，对于进一步认识和把握青年教师专业发展需求的变化规律，更好地促进青年教师全员发展、全面发展具有一定的参考价值。"[1]

（1）青年教师专业发展需求呈现积极态势。伴随高等教育改革发展，特别是在"双一流"本科建设的时代背景下，青年教师在提高高等教育质量进程中的生力军作用越发明显，在政策引导、目标考核、同行激励等多种因素的共同影响下，绝大多数青年教师具有

---

① 谢红星，文鹏. 高等学校青年教师专业发展能力提升研究 [M]. 武汉：武汉大学出版社，2022：110.

强烈的自主发展意识，普遍重视专业发展能力的提升。

（2）青年教师专业发展需求内容分布多个维度。国内外学者关于青年教师专业发展需求内容的界定和表述不尽相同，但主要都集中在教学能力发展需求、科研能力发展需求、育人能力发展需求、社会服务能力发展需求等维度，在每个维度之下还可以细分出更加具体的内容需求。总体而言，青年教师对于各个维度需求内容的选择态度各不相同。

第一，教学能力发展是首要需求。青年教师认为当前最紧迫的专业发展需求是提高教学素养。在教学能力发展方面，青年教师关注的具体需求主要有"更新教育理念、掌握教学技能、开展教学改革、加强教学反思、提升信息化教学水平"等。

第二，科研能力发展是普遍性需求。基于高校承担的科学研究职能，以及受长期以来高校教师评价制度影响，青年教师普遍重视科研能力提升。大部分青年教师认为应正确看待和处理教学与科研的关系，教学与科研可以实现相互促进，科研能力的提升可以反哺于教学。青年教师关于科研能力发展的具体需求主要有学术论文写作、科研项目申报、科研成果转化、交叉学科研究、学术思维与研究方法等。

第三，社会服务能力发展需求不够明显。社会服务能力的提升不仅可以为社会发展提供直接的技术服务和智力支持，也可以促进课堂教学与生产实践相结合，促进人才培养与社会需求相结合。然而，由于缺乏政策支持、缺少行业实践经历、没有建立校企校地合作机制等，青年教师对社会服务能力的发展没有给予足够的关注和重视，故而在此方面的发展需求不够明显，具体需求主要集中在社会兼职、企业顶岗锻炼、产学研合作等方面。

第四，育人能力发展需求尚未得到充分满足。教育的目的是为社会发展、为人类进步培养合格人才，我国的教育目的强调培养德智体美等方面和谐发展的社会主义建设者和接班人。作为教育工作者，青年教师不能只满足于完成好教学科研任务，更要主动承担起当好学生"引路人"的职责与使命，引导青年大学生树立正确的世界观、人生观、价值观。调研过程中，青年教师普遍反映目前的专业发展活动侧重教学能力发展和科研能力发展，育人能力发展活动安排相对零散、内容和形式比较单一，主要是学习职业道德政策或是个别优秀教师的成长报告，缺乏专门性、系统性，建议统筹安排"职业道德政策解读、优秀教师示范引领、学生心理沟通技巧、学科知识价值引领、学生实践活动设计与组织"等内容，并通过专题报告、团队协作、实践考察、名师引领等多种形式实施，提高育人能力发展活动的生动性和吸引力。

（3）青年教师专业发展需求选择伴随职业发展做出动态调整。基于青年教师的个体特征，其发展需求必然存在倾向性选择。例如，一个对课堂教学无比热爱的教师，必定会加强教学研究，提高教学水平；一个有着长期科研训练基础的青年教师，相对而言会更加关注学术前沿，更加重视科研能力发展。但是，这种选择偏好并不是一成不变的，伴随职业发展进入不同阶段，青年教师的专业发展需求选择会做出一定调整。不同职业发展阶段对青年教师专业发展的目标、要求都不一样，决定其专业发展需求的侧重点也各不相同，从讲好一堂课到建设好一门课程，从写好一篇学术论文到主持一项科研项目，这是不同职业发展阶段对青年教师提出的不同要求，这种转变不仅需要时间积累，也需要经验积累，要求青年教师树立终身学习理念，立足专业能力全面发展、协调发展、均衡发展的客观要求，根据职业发展阶段的特点和要求做出相应调整。

（4）青年教师对专业发展项目的高质量实施提出更高要求。青年教师专业发展能力提升路径主要来自两方面：一是个人的自主学习，这是最基础的发展路径；二是教育行政部门或高校组织的专业发展项目，因其特定的目的性、针对性，一般而言能在一定时期内对青年教师某项专业发展能力的提升带来积极效果。伴随社会发展和时代变化，基于教学科研工作中遇到的新情况、新问题，青年教师不仅满足于专业发展项目能够实施，更希望项目实施效果能达到预期，对自己专业发展能力提升真正起到作用，因此在目标引领、师资选配、内容设计、组织管理等方面对专业发展项目的实施质量提出了新的更高要求。

2. 个性特征

个性特征是指一个事物区别于其他事物的特殊性质。青年教师队伍由不同个体组成，其专业发展需求必然存在明显的个性化差异，不同地区、性别、年龄、职称、教龄、学科的青年教师，其在专业发展需求方面都会做出个性化的选择，因此，提高青年教师专业发展工作的科学性，要坚持分类指导思想，针对不同类型青年教师的专业发展需求开展差异化分析。下面主要从地区、职称、教龄、高校类型四个维度，就青年教师专业发展的需求动机、需求态势、内容需求、项目需求等开展具体研究与分析。

（1）基于地区的差异化分析。按东部地区高校和中西部地区高校进行差异化分析。从需求动机来看，在基于自我发展诉求的基础上，东部地区高校青年教师更侧重"结交同行需要"，中西部地区高校青年教师更侧重"岗位聘任需要"。从需求态势来看，中西部地区高校青年教师参与积极性高于东部地区，对各级教育行政部门及学校实施专业发展项目的期待更高，希望能有更多机会参加有组织的学习培训。从内容需求来看，在基于教学能力发展为首要发展诉求的基础上，中西部地区高校青年教师同比东部地区对于学术科研能力发展、创新实践能力发展的需求更为明显，这与中西部地区高校高层次科研团队相对较少，青年教师在学术能力培育方面缺乏团队支持；中西部地区高校青年教师自身素质与评聘考核要求存在一定差距，应对科研考核压力相对更大；受经济发展、区域文化等因素影响，东部地区高校的科研环境更加优越、创新氛围更加浓厚等密切相关。从项目需求来看，在基于首选均为"访学进修类"项目基础上，东部地区高校青年教师更青睐"企业实践类"项目，更倾向于短期培训项目；中西部地区高校青年教师更倾向"专题研修类"项目，更倾向于中长期培训项目。

（2）基于职称的差异化分析。针对初级、中级、副高、正高四类职称青年教师进行差异化分析，从需求动机来看，不同职称青年教师都将自我发展的需要放在首位，但职称越低的青年教师，选择"岗位聘任需要""完成规定任务需要"等选项的比例越高，对于具备正高职称的青年教师而言，"结交同行需要"选项比例较高，表明职称越低的青年教师，更容易受到评聘考核要求等外在的压力性任务的影响。从需求态势来看，青年教师参与积极性与职称级别呈现负相关，职称越低，参与积极性越高；职称越高，参与积极性越低，这与青年教师在不同职业发展阶段呈现的专业发展水平有关，也与职业倦怠、激励举措、组织支持等因素有关。从内容需求来看，职称越低的青年教师，对于教学能力发展、科研能力发展的选择比例越高；职称越高的青年教师，对于国际化视野的选择比例越高。表明职称越低的青年教师，更加关注教学素养等基础性、职业适应性的发展需求，职称越高的青年教师，更加关注国际化等高层次、能力拓展性的发展需求。从项目需求来看，正高职称青年教师首选"专题研修类"项目，而初级以下、中级、副高职称的青年教师首选均为"访学进修类"项目。

（3）基于教龄的差异化分析。青年教师在入职初期，因自身能力与岗位要求存在较大差距，参与专业发展活动的愿望最为迫切。在经过数年积累，适应教学科研活动基本要求的前提下，因处于事业上升期，教学科研任务相对更重，因此没有足够的时间和精力参与更多的专业发展活动。但是当其进入发展的"高原期"，换言之，是指在知识形成的中后期出现进步暂停甚至后退现象的时期，在专业发展能力提升过程中会遇到一些制约问题，但通过内外因素的共同作用，其专业发展需求将会再次得到有效刺激，推动其知识与能力继续提高达到新的层次。

（4）基于高校类型的差异化分析。按照中央部委属高校和地方高校进行差异化分析。从需求动机来看，在基于自我发展需求均为首选的前提下，中央部委属高校青年教师更侧重"结交同行需要"，地方高校青年教师更侧重"职称晋升需要"和"岗位聘任需要"，表明中央部委属高校青年教师更加重视能力拓展，希望通过参与专业发展活动寻求同行支持或学术合作；地方高校青年教师更趋向成长考核，希望通过参与专业发展活动达到岗位评聘要求。从需求态势来看，地方高校青年教师参与积极性高于中央部委属高校青年教师，表明地方高校青年教师希望能有更多机会参与各级各类专业发展项目。从内容需求来看，不同类型高校青年教师均将提高教学能力发展作为首要需求，在此前提下关注重点有所不同，中央部委属高校青年教师更加关注国际化视野拓展，与其教师来源更加多元化、参与国际学术交流机会更多有着密切关联；地方高校青年教师更加关注科研能力发展、创新实践能力发展，这与地方高校拔尖人才、创新团队相对缺乏，学术竞争力及科研能力相对薄弱，教师参与科研培训机会较少等因素有关。从项目需求来看，不同类型高校青年教师的总体选择基本一致，并呈现一定差异，中央部委属高校青年教师对于"访学进修类"项目的选择比例更高，地方高校青年教师对于"企业实践类"项目的选择比例更高。

3. 总体特征

重视并探索青年教师专业发展需求的变化规律，是我们进一步做好青年教师专业发展能力提升工作的重要前提，在准确把握好青年教师专业发展需求共性特征和个性特征的基础上，我们还应从高等教育改革发展要求、教师职业发展要求、教师专业发展项目实施要求等层面，全面认识高校青年教师专业发展需求的总体特征。

（1）青年教师专业发展的动态需求与适应高等教育改革发展的总体要求存在矛盾。高校青年教师的专业发展需求具有明显的动态特征，伴随职业发展进程处于动态变化之中，其动态化的专业发展需求，必须适应高等教育的改革发展，与高等教育改革发展的方向和要求保持一致。因此，在促进青年教师专业发展工作方面，要更加重视教育新技术运用、创新实践能力培育等方面，推动青年教师适应高等教育改革发展的新形势、新要求。

（2）青年教师的主观需求与教师职业发展的客观要求存在矛盾。教师行业有其特殊性，教师成长也有其规律性，作为知识和技能的传授者，提高教学能力和水平，是教师职业的基本要求，应贯穿职业发展的全过程。高校青年教师尽管学历高、年轻化，但也在心理应对、语言表达、教学技能掌握等方面存在不足，因此首要的是提高教学基础能力，在教学素养方面达到相应要求，才能分阶段、有步骤地实现个人能力的全面发展。但在专题调研中，我们也发现，一些青年教师的专业发展需求呈现一定的功利性，受教师评价导向、个人成长考核等因素影响，部分青年教师对科研能力发展、国际化视野培育等方面显示浓厚兴趣，但对于教学能力发展尤其是基础性教学技能掌握的重视不够，必须加以引导，推动青年教师专业发展的主观诉求与教师职业的客观要求相适应。

（3）青年教师的个性需求与专业发展项目的统一实施存在矛盾。青年教师专业发展需求有其共性，但具体到个人呈现鲜明的个性特点，关于教学能力、科研能力、育人能力、创新实践能力、国际化视野等具体发展需求，不同青年教师的关注重点有所不同。此外，从地区、职称、教龄、高校类型的差异性分析来看，不同类型青年教师群体也各有关注重点，有着特定的发展诉求，应加强分类指导，有针对性地做好相关工作。从现实情况来看，青年教师专业发展个性化支持问题依然突出，各级教育行政部门及高校提供的专业发展项目比较单一，且按照统一的目标和要求组织实施，缺乏统筹规划和细致分析，难以满足青年教师多样化、个性化的发展需求，这种忽视不同类型青年教师实际发展需求的现象亟须改进，要求我们重视并加强教师专业发展项目建设，以适应不同类型青年教师的多层次性和复杂性的专业发展需要。

（二）高校青年教师专业发展的供需矛盾分析

1. 供需矛盾的重要表现

当前高校青年教师专业发展供需矛盾主要体现在专业发展项目的数量、质量、结构及组织支持等方面。

（1）供给不足，青年教师参与比例总体偏低。总体而言，全国高校青年教师参加专业发展项目的次数和频次相对偏低，中西部地区的地方高校尤其明显。例如，从经费投入来看，各地各高校的经费支持力度尚不能满足青年教师旺盛的专业发展需求，尽管近年各地各校的经费绝对数在不断增长，但人均经费依然不足，在一定程度上影响了专业发展项目的建设与实施。

（2）质量建设与青年教师的期待存在一定差距。首先，专业发展项目数量上的相对不足，客观上没为青年教师提供更多的专业发展选择的可能性，一部分青年教师基于管理部门的任务要求"被动参与"，具有一定的随意性和盲目性，因此对一些专业发展项目的整体评价不高。其次，决策者在顶层设计时没有开展有针对性的调研，没有基于问题导向审视项目的组织和实施，与青年教师的实际发展需求相背离，以致项目实施满意度较低，没有达到预期效果。再次，在组织实施专业发展项目的过程中，没有遵循"以师为本"的工作理念，没有顾及不同青年教师群体特点，缺乏个性化的指导，缺乏与参与对象的互动沟通，项目实施始终按照既定思路实施没有动态调整。最后，在加强"双一流"本科建设背景下，青年教师关于专业发展项目的内容体系、实施形式、师资安排、组织管理、评价考核等呈现出新的需求变化，比如关于岗前培训，很多青年教师认为培训内容脱离新入职教师实际需求，存在重理论轻实践的问题；关于国内访问学者项目，存在资助标准低、规模小、管理松散等问题，组织管理部门往往没有及时关注并做出行动，影响了青年教师的参与积极性。

（3）青年教师专业发展的不充分、不平衡特征明显。

第一，青年教师专业发展能力提升缺乏一定的协调性、全面性。青年教师的专业发展选择往往带有个人偏好，尽管能激发其提高某类专业能力的潜能，但如果不重视各类专业能力的协调发展，很可能影响其发展质量，决策部门要予以重视并加强引导，促进青年教师全面发展。例如，部分青年教师的关注重点是教育教学能力和学科专业能力的发展，对教书育人能力的发展没有引起足够的重视，一些青年教师认为只要负责好课堂教学就履行好了职责，没有意识到教师要在知识体系的传播教育过程中，注重对学生科学道德、科学伦理的教育，呼唤学生的责任心、道德感和使命感，引导学生在价值取向上有更高的追求。

第二，不同类型青年教师专业发展需求的满足程度存在不平衡性。例如，就"参与专业发展项目的机会"及"获得足够的专业发展资源支持"两个评价指标而言，总体来看，东部地区要高于中西部地区，中央部委属高校要高于地方高校，副高以上职称青年教师要高于中级以下职称青年教师，进而导致不同类型青年教师的专业发展水平呈现一定差异。又如，青年教师专业发展经费的投向结构有待改善。总体而言，成长资助类和学术科研类占据主要部分，而关于教学技能、职业道德、社会服务等项目的经费投入相对较低。

第三，青年教师专业发展项目存在结构性缺陷，实施效果有待提高。例如，目前各地各校的青年教师专业发展项目主要集中在人才支持类、学术科研类等方面，教学研究类、社会服务类、职业道德类的项目偏少，尚不能满足不同类型青年教师的实际发展需求，有必要对专业发展项目做出结构性调整。

2. 产生供需矛盾的原因探究

高校青年教师专业发展的供需矛盾客观存在，而且可能长期存在。全面提高青年教师专业发展质量，不可能一蹴而就，需要一以贯之的重视和努力。解决高校青年教师专业发展的供需矛盾，要求我们对产生矛盾的原因进行全面分析。基于影响青年教师专业发展需求的因素主要来自个人、学校和社会三个层面加以探究。

（1）个人层面。

第一，主观因素。有的青年教师对专业发展的重视程度不够，参与专业发展活动的主观能动性不强；有的青年教师对于专业发展能力的结构认识不全，基于个人偏好选择性地参与专业发展活动，忽视专业能力的全面发展；有的青年教师缺乏职业发展规划，对个人专业发展的定位、方向、目标不够清晰，参与专业发展活动的目的性不强。青年教师尤其是初入职的新教师，由于缺乏教书育人实践经验，加上对教师职业特点及高等教育发展规律的认识不够，对于专业发展有时会比较迷茫，如果没有有针对性的指导，他们在表达专业发展诉求、进行专业发展选择时往往会带有一定的盲目性、随从性。

第二，压力因素。基于工作压力、生活压力、职称评定压力等原因，青年教师参与专业发展活动的热情呈下滑趋势。在专题调研中我们发现，要尤其重视对两类青年教师的引导：一是入职五年以内的青年教师，这类青年教师通过岗前培训和工作积累，基本上胜任岗位要求，正处于职业发展上升期，承担的教学科研任务相对较多，但是伴随结婚组建家庭，由此产生的购房、抚养子女等问题也日益显现，应对工作和日常事务占据了他们的大部分时间。在这种情况下，他们还要同时面临职称评定等压力。目前很多高校与获得博士学位的青年教师在签订聘用合同时，大多有"非升即走"的规定，他们须尽快完成论文发表、课题结题等科研任务，投向专业发展活动的时间相对不多。二是入职七年后的青年教师，这类青年教师往往开始进入发展"高原期"，大多没有"非升即走"的职称评定压力，逐渐成为教学科研骨干，有的甚至评定了正高职称，但是伴随教学科研习惯的固化，他们在专业发展能力提升过程中也会遇到一些瓶颈性问题，如教学方法创新、科研成果转化、育人手段更新等，难以实现自我突破，同时也容易产生职业倦怠情绪，需要通过更具针对性、个性化的帮扶，激励其创新探索，挖掘发展潜能。

（2）学校层面。

第一，缺乏总体规划。大部分高校没有制订专门的青年教师专业发展规划，没有提出明确的短期目标和长远目标，以及实现这些目标可以采取的具体行动，尤其缺乏对不同类型青年教师的分类指导，整体而言，工作的整体性、连续性、系统性不强，支持青年教师专业发展的长效机制建设有待加强。

第二，缺少工作调研。部分高校在加强专业发展项目建设的过程中没有遵循"以师为本"的问题导向原则，没有呼应学校青年教师的实际发展需求，项目设计和组织实施带有一定的主观色彩，突出完成上级领导、部门的任务性要求，开展专业发展活动具有一定的随意性、强制性，导致青年教师参与度不高，实施效果难以尽如人意，久而久之学校开展专业发展活动的群众基础日益薄弱。

第三，缺乏协同合作。从校内协同来看，有的高校还没有形成支持青年教师成长发展的联动机制。例如，教师发展中心与二级学院的联系不够密切，导致教师专业发展活动的覆盖面不够均衡；比如教师专业发展活动组织部门与教师教学能力评价部门、教师绩效考核部门没有建立有效的合作机制，没有促进相关工作项目的有效衔接；如教师专业发展工作负责部门与资源供给部门缺乏深度合作，青年教师专业发展信息化平台建设滞后，利用现代化技术促进青年教师"时时学习、处处学习"的局面还未形成；等等。从校外协同来看，有的高校较少开展针对青年教师专业发展能力提升的校校合作、校企合作、校地合作等，不能为青年教师提供更广阔的专业发展平台，学校也没有引入更多的校外资源，没有促进优质资源的应用和共享。

（3）社会层面。

第一，缺乏细化指导。近年来，国家出台了《教育部关于深化高校教师考核评价制度改革的指导意见》《中共中央国务院关于全面深化新时代教师队伍建设改革的意见》等一系列政策性文件，对高校青年教师专业发展提出了明确要求，对各地制定实施细则提出了具体要求，为推动高校教师尤其是青年教师专业化发展创造了有利的制度环境。但总的来看，这些制度性文件提出的是纲要性要求，较少涉及具体操作层面上的要求，各地各校在执行过程中多是根据自身理解，缺少统一的标准。此外，国家对各地各校的工作指导大多停留在宏观层面，较少派出工作组、调研组等聚焦青年教师专业发展需求满足、专业发展项目设计与实施等具体问题。

第二，缺乏倾斜性支持。目前，从国家实施的教师国培项目体系建设来看，部分高校青年教师缺少面向本科高校的国培项目，因此，可以增设本科高校教师国培项目，加大力度支持本科高校青年教师专业发展，构建一个全口径的教师国培项目体系。另外，基于地区发展的不平衡性及高校获得发展资源的不均衡性，国家要加强分类指导，给予中西部地区高校尤其是地方高校更多的倾斜性支持，进而推动不同地区不同类型高校青年教师的同步发展。

第三，缺乏专门的教师发展机构工作体系。高等教育发达国家大多建有专门的国家级教师发展机构，为全国高校教师提供专业的、持续性的组织支持，是其高等教育走向成功的重要经验。就我国目前情况来看，暂时还没有真正建立一个自上而下、高效运转、精准协作的高校教师专业发展机构工作体系。成立于 20 世纪 80 年代的全国高校师资培训中心，有严密的全国中心、大区中心、省级中心三级工作体系，但均依托高校成立，缺乏统一的行政管理，大多是在各地教育行政部门指导下独立开展工作，一些大区中心、省中心在缺少政策、经费、项目支持的情况下，较少开展工作甚至名存实亡。成立于 21 世纪初的高校教师发展中心，除去教育部重点支持的 30 家示范中心之外，大多是面向本校教师开展工作，彼此之间缺乏联动协作，服务区域教师发展的教师发展中心联盟的组建也并不多。因此，国家有必要整合现有的教师专业发展机构资源，打造一个全新的具有上下联动、高效运转特征的教师发展机构工作体系，并给予其更多的工作支持，促进各地各校青年教师专业发展质量明显提升。

二、高校青年教师专业发展项目设计

教师专业发展对高校教学质量和人才培养质量至关重要。在中国高校教育领域，内涵式发展和质量发展已经成为共识，教师队伍建设被提升至战略高度。"对于办学历程不长、起步较晚的民办高校而言，教师专业发展重要性愈加凸显，设计符合自身实际的教师专业发展项目并形成长效实施机制，已经成为民办高校教师队伍建设的首要课题。"① 例如，长春财经学院意识到教师专业发展对其未来的发展至关重要，因此需要特别关注和投入精力来设计出符合自身实际的项目和长效机制。为了实现这一目标，长春财经学院于 2014 年成立了教师教学发展中心。该中心的使命是为教师提供全方位的支持和服务，包括培训、研究、资源建设、评价咨询等多个方面。中心紧密结合学校的发展需求，设计并实施了一系列符合要求的教师专业发展项目。这些项目逐步深化和优化，采用能力导向、分层分类、跨界协同和精准培养的理念和原则，以确保教师的专业发展能够更好地满足学校的需求。

（一）能力导向的教师专业发展项目设计思路

能力导向方法是教师职业发展中的一种关键方法，旨在培养教师在理论教育和实践训练方面的关键能力。在教育领域，教师的胜任力与专业发展和教学密切相关。因此，能力导向要素的确定离不开教师"教学认识不断深化、教学技能不断提高、教学研究水平不断提升，从而经历从新手到胜任、从一般到卓越等发展过程"②。

对于民办高校教师来说，他们与普通高校教师在专业发展方面有共性和个性要求。共性要求包括不断提高教育理论知识、采用创新的教育技术和教学方法，以及不断提高专业水平。然而，个性要求可能因不同的学校类型和定位而有所不同。民办高校教师可能需要更强调实践应用和国际化能力，以适应特定的教育环境和学生需求。

民办高校教师队伍面临一些特殊问题，需要能力导向模型来应对。首先，一些新教师可能具有较低的教育素质，因此需要更多的培训和支持，以提高他们的教育能力。其次，他们可能缺乏专业发展的指导，需要明确的发展路径和目标，以便更好地规划自己的职业道路。同时，他们还需要适应转型发展的要求，特别是在不断变化的教育环境中，需要不断更新自己的知识和技能。

教学改革也是民办高校教师面临的挑战之一。深化教学改革需要教师具备一定的教育理论和教学方法的能力，同时也需要具备教学思想和职业热情。这些能力要素都可以通过能力导向模型来培养和发展，以确保民办高校教师在面对各种挑战时都能胜任自己的工作。

---

①　田晓庆. 民办高校教师专业发展项目设计与实施——以长春财经学院为例 [J]. 高教论坛, 2019 (4): 85.

②　彭阳红. 高校青年教师教学发展的困境与对策 [J]. 高教论坛, 2018 (11): 56.

（二）分层分类的教师专业发展项目设计原则

教师专业发展项目的构建是一个系统性的复杂工程，其中分层分类是其主要原则之一。分层分类包括三个关键环节：匹配设计能力导向要素和培养活动、确定教师队伍的分层，以及组织实施项目。这一过程的难点在于如何准确地确定不同职业生涯阶段的教师的能力导向。为了更好地应对这一挑战，采用了五阶段划分法，将教师队伍分为新任教师、青年教师、骨干教师和专家教师四个专业发展阶段。

分层分类的第一个环节是匹配设计能力导向要素和培养活动。在这个阶段，教育机构需要仔细分析不同阶段教师的需求，以确定需要培养的专业能力。这包括教育理论、教育技巧、教育领导力等多个方面的要素。通过精确匹配这些要素，可以确保专业发展项目能够满足教师的实际需求，提高其专业水平。

分层分类的第二个环节是确定教师队伍的分层。使用五阶段划分法，教育机构可以将教师分为新任教师、青年教师、骨干教师和专家教师四个不同的发展阶段。这种分层有助于更好地理解不同阶段教师的需求和特点，从而有针对性地设计专业发展项目。

分层分类的第三个环节是组织实施项目。教育机构需要根据不同阶段的教师需求，设计并推出多元化的、全程化的专业发展项目矩阵。这些项目应包括各种培训、研讨会、教育资源等，以满足教师的专业发展需求。通过组织实施这些项目，教育机构可以帮助教师不断提升自己的专业水平，更好地满足教育领域的要求。

（三）跨界协同的教师专业发展支持平台建设

跨界协同是教师专业发展支持平台建设的关键思路，同时也是双师型教师和创新创业教育导师培养的协同平台建设思路。这一理念的核心在于为不同层面的教师专业发展项目提供支持，以促进教师的成长与发展。

跨界协同平台的建设旨在满足不同教师专业发展项目的实施需求。为此，中心将建立多个支持平台，以适应不同层面的需求，从而促进教师的专业成长。这些平台将成为教师专业发展的重要支撑，帮助教师提升自己的教育水平和能力。其中，跨界协同平台特别强调面向青年教师的双师型能力和双创教育能力培养。这是因为现代教育要求教师队伍具备更多的实际应用能力，以满足应用型转型发展的需求。因此，这些平台将为青年教师提供培训和支持，以使他们在行业和企业环境中有更好的了解，拓宽他们的视野，激发他们的教学改革和创新思路。

跨界协同平台的目标之一是帮助教师了解行业和企业环境，从而激发他们的教学改革和创新思路。为了实现这一目标，中心将采取一系列措施，包括打破校内部门界限，成立教师发展工作指导委员会，推动横向协同和校院两级联动的教师专业发展项目实施机制。此外，中心还将积极拓展校际交流与合作，建立智库团队，以便教师能够共享资源和经验。此外，跨界协同平台还将依托校企合作资源，支持青年教师融入企业环境，进行实践和项目合作。这将有助于促进应用型人才培养和创新创业教育的优化与完善。通过与企业的合作，教师将有机会将课堂教学与实际工作联系起来，从而更好地培养学生的创新创业意识与能力。

（四）精准培养的教师专业发展项目设计预期

精准培养是教师专业发展项目设计的主要目标。通过能力导向的教师专业发展、分层分类的项目矩阵设计和跨界协同的校内外教师专业发展平台搭建，实现教师专业发展。这一理念在教师专业发展项目的设计与实施中得以充分体现。这种体现包括了体系性和科学性的项目设计，以促进学校与教师发展的一致性。

在实际操作中，精准培养采用了订制化和个性化两类项目形式，以满足不同职业生涯阶段和不同学科专业教师的个性需求。这一策略激发了教师自我发展的积极性和活力。订制化项目根据教师的特定需求和目标进行设计，以确保他们能够获得最相关和实用的培训和支持。而个性化项目则注重发掘每位教师的潜力和兴趣，鼓励他们在教育领域中不断创新和发展。

通过这种分层分类的项目矩阵设计，教师们可以选择适合自己的专业发展路径，并在校内外的跨界协同平台上获取支持和资源。这种平台的建设促使教师与同事们分享经验和最佳实践，加强了校际合作，进一步提高了教师的专业水平。

第二节　高校青年教师专业发展项目实施与评价

一、高校青年教师专业发展项目实施

（一）通识项目

以长春财经学院为案例，我们进行了研究，探讨了教师专业发展项目的实际实施情况，以供其他机构参考和借鉴。在长春财经学院，教师教学发展中心一直秉持着师德至上

的原则，他们设计了两种子项目，即师德讲堂和主题沙龙。师德讲堂旨在提升教师的师德素养，通过讲座的形式向所有教师提供培训机会。而主题沙龙则侧重于促进教育理念、教师精神、教学思想及教师心理等方面的思想碰撞和交流，通过生动活泼的沙龙活动，面向不同教师群体开展。这些举措有助于教师在专业发展过程中不断提升自己的能力和素养。

1. 以师德为先为原则开设面向全体教师的"师德讲堂"项目

"师德讲堂"是一项面向全体教师的教育活动，旨在提高高校教师的师德素养和教育思想水平。这一活动分为校级和院级两个层次，并由中心会同学校党委组织实施。在校级活动中，中心与学校党委合作，策划举办了一系列活动：开展教师师德专题培训活动，旨在为教师提供系统的师德培训。面向全校教师的师德培训，通过讲座和研讨会等形式，帮助教师提升师德水平。教育思想专题讨论也是校级活动的一部分，为教师提供了一个思想交流的平台。在岗前培训活动中邀请高层领导发表主题报告，内容涵盖高校立德树人使命、教师职业价值和教师行为准则等重要主题。这些报告旨在引导教师认真思考自己的师德使命和职业责任。在全校性活动中，中心邀请知名专家和学者，围绕高校教师的历史担当和高校管理干部的履职尽责等主题展开活动。这些活动不仅丰富了教师的知识储备，还激发了他们对教育事业的热情。院级活动由教学单位党总支为主导，与学校党委规划相结合，组织了多种形式的"师德讲堂"活动。这些活动具有一定的自主性，能够更好地满足各个单位的需求。

2. 以激发教师思想活力为目标的主题沙龙项目

思想启发和思想教育是通识项目的核心目标。为了实现这一目标，该项目采用了多种策略和活动，旨在激发教师的思维和观念更新。中心设计了不同主题的沙龙活动，这些活动不仅为教师提供了一个自由、活泼、轻松的交流氛围，还为他们提供了启发和思想交流的机会。

通识项目组织了多种沙龙活动，以满足不同层面教师的需求。其中，新教师教学沙龙采用了"老带新"的形式，由经验丰富的名师和骨干教师分享他们的经验和智慧。这不仅为新教师提供了宝贵的咨询和指导，还帮助他们更好地适应教学环境，提高了教育质量。

青年博士沙龙则专注于年轻教师，特别是博士学位获得的教师。这个沙龙采用主持人制度，打破了学科专业和教学单位之间的壁垒，促进了学术思想和教育理念的交流。年轻教师在这里能够分享他们的研究成果和教育实践，同时也受益于其他教师的反馈和建议，从而不断提高自己的教育水平。

此外，通识项目还组织了学科梯队沙龙，这个沙龙聚焦于学校的优势学科。通过分享和交流学术前沿思想和发展动态，这个活动促进了优势学科队伍的建设，为学校的教育事业发挥了重要的积极作用。教师们在这里能够汲取新知识，不断提升自己的学术水平，从而为学生提供更高质量的教育。

（二）主题项目

这个主题项目涵盖了教师专业发展的核心内容，其中包括为新教师提供前期培训，为年轻教师举办教学工作坊、教学竞赛和合作创新项目，为骨干教师设立学术论坛和国际培训项目，以及为专家教师创建名师工作室项目等。

1. 夯实新教师教学基本功的岗前培训项目

为了加速新教师的角色转变并使他们熟悉学校环境，学校制订了一套全面的岗前培训计划。这个培训计划以班级形式进行，每年9月举行新教师岗前培训班的开班典礼，为期三个月的培训活动。

整个培训分为三个阶段，每个阶段都有明确的培训目标和内容。第一阶段主要侧重于专业能力要素的培养，包括职业态度、师德素养、教育理论、专业知识、教学能力、科研能力、教学技术及国际化素养等方面的内容。在这个阶段，学校会开展主题教育，帮助新教师建立起坚实的教育基础。第二阶段则包括了课件制作、微课制作、课堂教学演练、教研课题申报等具体的教科研活动。这一阶段的目的是帮助新教师适应课堂环境，掌握教学的基本技能，以便他们能够在实际教学中表现出色。第三阶段是培训的最后一个阶段，其中包括微型教学诊断和课堂教学竞赛。这个阶段旨在综合评估新教师的教学能力和职业发展，为他们提供指导和支持，以确保他们在教育领域的职业生涯能够取得成功。此外，学校还会公布培训计划和考核评估方法，为新教师提供明确的培训方向和目标。这样，新教师就能清晰地知道自己需要达到什么水平，以及如何在培训过程中不断提升自己的能力。

2. 聚焦青年教师综合能力的项目实施

（1）教学工作坊项目。教学工作坊项目旨在为青年教师提供前沿教育理念和教育技术等主题的应用与实践机会。每年共有10期工作坊举行，吸引着广泛的青年教师参与。这些工作坊的独特之处在于，它们由国内外专家主讲，为参与者提供了与顶尖教育思想和实践经验的亲密接触机会。这些工作坊不仅是一个学习的场所，更是一个交流和启发的平台，使青年教师能够不断提升自己的教育水平，同时也促进了教育领域的知识传播和交流。

（2）协同创新项目。协同创新项目旨在培养青年教师的双师与双创教育能力。这个项目通过建立教学单位与合作企业的紧密合作关系，为青年教师提供了宝贵的实践与研究机会。教育机构为青年教师提供了创业基本知识和商业策划培训，激发了学生创新创业思维。这不仅有助于提高教育质量，还有助于培养学生的实际能力和创新意识。通过将教育与企业实践结合想起来，协同创新项目为青年教师创造了更广阔的职业发展机会，促进了教育与产业的深度融合。

（3）教学竞赛和教学观摩项目。教学竞赛和教学观摩项目以国家和省市级教学竞赛为导向，为教师提供了展示自己教育水平的机会。竞赛分层次开展，涵盖多个教学领域，使各类教师都有机会参与和获得认可。在这个项目中，评选出的优秀教师通常能在各级竞赛中获得大奖，这不仅对他们个人的职业发展有巨大的推动作用，也为其他教师树立了榜样，激励他们不断提高自己的教育水平。通过这一项目，教育机构为教师提供了一个展示自己教育成就的舞台，同时也推动了整个教育领域的不断进步。

3. 聚焦骨干教师可持续发展能力的项目实施

（1）学术论坛项目。学校近年来积极推动学术论坛项目，着力解决教师队伍学术能力和实力相对较弱的问题。这一项目的核心目标在于强化骨干教师的学术能力，从而提升整体学术实力。首先，学校密切跟踪学科发展需求，不断邀请知名专家进行学术研讨和交流，为教师提供深入学习和探讨的机会。其次，学校还通过拓展骨干教师的学术视野，激发了他们的学术能力提升的积极动力。最后，学校积极邀请国内外专家举办学术论坛，为骨干教师的学术发展注入了新的活力，也带来了启发。

（2）国际培养项目。每年，学校选派骨干教师到境外高校进行培训和进修，通过这一途径，开阔了教师的国际视野，引进了先进的教育思想和方法。同时，这一项目还有助于解决教师队伍中博士学位比例较低的问题，学校还积极开展国际联合培养博士项目，为教师提供攻读博士学位的机会，从而优化了学校教师队伍的学历结构，提高了整体教育质量。这两项重要举措共同构筑了学校强大的教师队伍，为提高教育质量和学校的学术影响力打下了坚实的基础。

4. 发挥专家教师引领示范作用的名师工作室项目

中心拥有一支卓越的专家队伍，其中包括国务院特殊津贴获得者、教学名师和杰出的教师。这支队伍在教育领域积累了丰富的经验和知识，为中心的教育事业提供了坚实的支持。

为了更好地传播先进的教育思想和推广卓越的教学经验，中心设立了名师工作室。这个工作室由教学名师和卓越人才领衔，他们不仅在教学上有着杰出的表现，还以身作则，为其他教师树立了榜样。名师工作室的存在不仅是一个教学示范点，更是一个教育思想的传播中心，通过各种方式促进教师的教学发展。

名师工作室为全校教师提供了丰富的教学咨询和指导服务，以满足不同需求。其中包括主题咨询和预约咨询两种形式。主题咨询由中心组织，针对那些教学质量较低的教师，定期进行教学诊断和指导，以帮助他们改进教学方法和提高教育质量。预约咨询则是根据教师个人的专业需求进行安排。教师可以直接联系专家，也可以通过中心来联系，以获得有针对性的教学咨询和交流。这种灵活的安排确保了每位教师都能够得到个性化的帮助和支持。

此外，名师工作室也为青年教师提供了重要的教学咨询和交流平台。这有助于培养专家引领、骨干驱动、青年跟进的教师队伍培养模式。通过这种模式，青年教师可以在卓越的教育者的指导下不断成长，同时也保证了教育队伍的传承和发展。

二、高校青年教师专业发展项目评价

高校青年教师专业发展项目的评价是确保项目有效性和改进的关键步骤。以下探讨一些常见的评价标准和方法。

第一，教育成果评价。教育成果评价是评估项目对学生和毕业生的影响的重要方式。学生的满意度是一个重要指标，通过收集学生对项目的反馈，包括教学质量、教师表现和学习经验，可以了解项目在提高学习体验方面的效果。此外，比较学生成绩的变化可以评估项目对学术表现的影响，而跟踪毕业生的就业率则可以确定项目是否为他们提供了必要的职业技能。

第二，教师成长和发展评价。评估教师的成长和发展对项目的成功至关重要。教师自我评价可以鼓励他们对自己的发展提供反馈和自我评估。此外，记录教师参与项目提供的培训和专业发展活动的程度可以衡量教师的主动参与程度。同时，评估项目是否成功帮助教师改进教学方法和课程设计也是一个关键指标。

第三，研究和学术产出评价。评估教师在项目期间的研究和学术产出是项目成功的重要标志。考察教师在项目期间产生的学术研究成果，包括论文、书籍等，可以评估他们在学术领域的贡献。此外，评估教师是否成功获得外部研究项目的资助以支持他们的研究工作，以及跟踪教师是否参与学术会议、研讨会和学术组织也是评估的重要方面。

第四，教育创新和课程设计评价。项目是否促进了教育创新和课程设计的发展也是一个关键考量。评估教师是否在项目期间开发了新的课程或教育创新项目，以及是否采用了新的教育技术和工具来提高教学质量，可以衡量项目的影响力。

第五，绩效评价。教师的绩效评价是评估项目对教育机构和学院的贡献的一项关键活动。使用标准化的绩效评估方法，例如教学观察、学生评价和同行评审，评估教师的绩效，可以确保项目对教师的职业发展产生积极影响。此外，评估项目对整个学院或部门的影响也是重要的，以确定项目是否对组织产生了积极影响。

第六，持续改进。持续改进是确保项目不断发展和提高的关键要素。定期评估反馈，收集参与者的意见和建议，以便不断改进项目。定期的调查和焦点小组讨论也是获取关键信息的途径，用于调整项目的目标和方法。

第三节　高校青年教师专业发展项目及改革思路

高校青年教师在教育领域扮演着重要的角色，他们既是知识传承的桥梁，又是科学研究的推动者。因此，他们的专业发展至关重要，不仅能够提高教育质量、促进科研成果，还有助于提升整体教学水平。以下深入探讨高校青年教师的专业发展项目及改革思路，包括师资培训项目、科研支持项目、教育评估和反馈、专业发展计划、教育技术和创新，以及国际交流，以期为青年教师的综合发展提供更多支持和机会。

一、师资培训项目

（一）定期教育培训

定期教育培训是促使青年教师专业成长的一种关键途径。青年教师需要不断更新他们的知识和教育技能，以提供高质量的教育服务。高校可以开展各种定期的教育培训项目，涵盖课程设计、教学方法、教育心理学等多个领域。

第一，课程设计。课程设计是教育的核心组成部分，对于青年教师来说，学习如何设计吸引学生的课程至关重要。定期教育培训可以提供关于最新课程设计原则和方法的培训，帮助青年教师更好地规划和组织他们的课程。

第二，教学方法。教学方法的不断发展和创新使教育领域充满了活力。青年教师需要了解各种教学方法，以满足不同学生的学习需求。定期培训可以介绍各种教学方法，包括互动式教学、项目学习和在线教育等，使青年教师能够选择适合他们的方法，提高教学效果。

第三，教育心理学。了解学生的心理和行为是提供高质量教育的关键。教育心理学为青年教师提供了洞察学生需求和行为背后的原因的工具。定期培训可以教授教育心理学的基本原理，帮助青年教师更好地理解学生，并更有针对性地制定教育策略。

第四，教育领域最新发展。教育领域的最新发展不断涌现，包括技术的应用、新的教育政策和教育研究的成果。定期培训可以使青年教师与这些发展保持同步，确保他们的教育实践是最新和最有效的。

通过定期教育培训，青年教师可以不断提高他们的教育水平，跟上教育领域的最新发展，为学生提供更好的教育服务。

（二）导师制度

导师制度是另一个有力的途径，可以促使青年教师在教学和科研方面成长，这种制度将有经验的教师与青年教师配对，通过一对一的指导和支持，帮助他们提高专业水平。

第一，实际经验传授。导师制度提供了一种实际经验传授的机会。有经验的教师可以分享他们在教育领域的经验和教训，帮助青年教师避免犯常见的错误，并更快地适应教育环境。

第二，专业见解。导师可以提供专业见解，帮助青年教师更好地理解他们所教授的学科。他们可以分享深入的知识，帮助青年教师提高对学科的理解和授课的熟练度。

第三，教育师生关系的建立。通过导师制度，青年教师和他们的导师可以建立更紧密的教育师生关系，这种关系不仅可以提供指导和支持，还可以鼓励青年教师积极参与教育社区，并建立更广泛的专业网络。

第四，科研支持。除了教学方面的支持，导师制度还可以为青年教师提供科研支持。导师可以帮助他们选择研究方向，提供研究建议，并协助他们在学术界取得成功。

通过导师制度，青年教师可以获得实际经验和专业见解，加速其专业成长，并建立更紧密的教育师生关系。

（三）教育心理学和教育管理培训

了解学生需求和有效地管理教学活动对于青年教师至关重要。因此，高校可以提供教育心理学和教育管理方面的培训，帮助青年教师更好地理解学生，提高课堂管理技能，以及制定有效的教育策略。

第一，教育心理学。教育心理学研究学习和教育过程中的心理机制，帮助教育者更好地理解学生的需求和行为。通过接受教育心理学的培训，青年教师可以学会如何应对不同学生的需求、如何识别学习困难，以及如何提供更有针对性的教育支持。

第二，教育管理。教育管理涉及组织和管理教学活动，包括课堂管理、学校管理和教育政策制定。青年教师需要学会如何有效地管理他们的课堂，确保学习环境秩序井然，并最大化学生的学习机会。此外，他们还需要了解学校管理和教育政策，以更好地适应学校的运作和参与决策。

第三，教育策略。通过教育心理学和教育管理培训，青年教师可以制定更有效的教育策略。他们可以了解如何设计有吸引力的教育活动、如何个性化教育，以及如何评估学生的进步，这些策略可以帮助青年教师提供更有效的教育服务，满足学生的需求。

二、科研支持项目

（一）提供研究经费

科研经费在高校教师的科研活动中扮演着至关重要的角色。高校应当积极提供研究经费，以支持教师进行独立的科学研究和创新项目，这一方面可以激励青年教师积极投身科研领域，另一方面也有助于提高高校的科研水平。

第一，激励青年教师参与科研。对于青年教师而言，参与科研项目是他们事业发展中的重要一步。然而，科研活动通常需要资金支持，包括购买实验材料、设备，聘请研究助手，以及开展实地调研等。因此，高校应当提供经费，以鼓励青年教师积极参与科研工作。经费的提供不仅可以减轻教师在科研项目中的负担，还可以为他们提供更多的机会去探索新的研究方向，开展创新性的研究，这将有助于培养更多的科研人才，为高校的长期发展注入新鲜的血液。

第二，提高高校的科研水平。科研经费的提供对于高校整体的科研水平也有着显著的影响。通过为教师提供足够的研究资金，高校可以促进科研成果的产出，这些成果包括科研论文的发表、专利的申请、技术创新及解决社会问题的实际应用，这不仅可以提升高校的学术声誉，还可以为学生提供更多的学术资源和机会。此外，科研经费的提供还可以吸引国内外优秀的科研人才加盟高校。有足够的经费支持，高校可以更容易吸引到那些有雄心壮志的科研人员，他们将为高校的科研工作带来新的活力和创新力。

（二）建立多学科研究团队

科学研究通常需要多学科的合作，因为复杂的问题往往需要多个领域的知识和技能来解决。因此，高校应当鼓励青年教师参与多学科研究团队，以促进知识交流和合作。

第一，促进合作研究。多学科研究团队的建立可以鼓励合作研究。青年教师可以与不同领域的同事合作,共同探讨复杂问题,汇集各自的专业知识和技能,这有助于加快科研项目的进展,提高研究的质量和深度。合作研究还可以促进不同领域之间的知识交流,帮助教师拓宽自己的学术视野。通过与其他学科的教师合作,他们可以学到新的理念和方法,这将有助于拓展他们的研究领域,为高校的综合实力贡献更多。

第二,推动科研成果的产出。多学科研究团队的建立可以加速科研成果的产出。不同学科的教师汇聚在一起,可以为科研项目提供更多的资源和支持,这包括实验设备、实验室空间、研究人员及研究经费等。另外,通过充分利用多学科研究团队的资源,科研项目可以更快地取得研究突破,发表高水平的研究论文,获得专利保护,甚至将研究成果应用到实际中,解决社会问题,这将提高高校的科研水平和影响力。

(三) 提供导师支持

青年教师在科研领域面临各种挑战,包括发表研究论文和申请研究资金等。

第一,帮助规划研究项目。规划一个科研项目是一个复杂的过程,涉及确定研究目标、研究方法、时间表和预算等方面的考虑。青年教师可能缺乏经验,不知道如何有效地规划自己的研究项目。高校可以提供导师支持,帮助他们明确研究方向,制订研究计划,确保研究项目的顺利进行。导师可以分享他们的经验和知识,指导青年教师避免常见的科研问题,提高研究项目的效率和质量,这种支持有助于培养青年教师的独立研究能力,使他们能够更好地应对科研挑战。

第二,撰写论文和申请研究资金。发表研究论文和申请研究资金是科研活动的重要环节。然而,青年教师可能缺乏论文写作和资金申请的经验。高校可以提供导师支持,帮助他们撰写高水平的研究论文和成功申请研究资金。导师可以与青年教师合作,共同撰写论文,指导他们选择合适的期刊和会议,确保论文通过同行评审并最终发表。此外,导师还可以提供关于如何申请研究资金的建议,帮助教师准备申请材料、评审标书等。这种导师支持不仅可以提高青年教师的科研成果,还可以增强他们的学术自信心,鼓励他们积极参与科研活动。

三、教育评估和反馈

(一) 建立有效的教学评估体系

第一,了解教学效果的重要性。了解教学效果对于教师的专业发展至关重要。教育不仅是知识传授,还包括塑造学生的思维、品格和未来。教育的质量不仅影响学生的成长,还直接关系到社会的未来。因此，高校应该建立有效的教育评估体系，以确保教育质量的提高，同时也支持青年教师的成长。

第二，多维度评估体系。教育评估不应仅仅局限于课堂表现，而应该是一个多维度的过程。传统的教育评估方法包括学生的期末考试成绩和教师的教学评估，但这些方法可能无法全面了解教学效果。因此，高校应该采用包括学生评价、同事评价和自我评价在内的多种评估手段，以便全面了解教师的教学表现。

（二）学生和同事评价

第一，学生评价。学生是教育过程的直接受益者，他们最能客观地评价教学效果。高校应该鼓励学生积极参与教育评估，他们的反馈意见可以提供宝贵的信息。学生评价可以包括对教学内容的理解、教师的教学方法、课程的难易程度及教师与学生的互动等方面。通过定期的学生评价，高校可以了解教师的教学效果，并及时采取改进措施。

第二，同事评价。同事评价是另一个重要的评估工具，它可以提供不同角度的反馈信息。同时可以从专业知识、教学方法和教育经验等方面评价教师的表现。他们可以通过课堂观察、教学材料的审查及与教师的交流来评价教师的教学质量，这种360°评价可以帮助教师更全面地了解自己的教学表现，识别改进的领域。

（三）定期的教育反馈

第一，教育反馈的重要性。定期的教育反馈是支持教师改进教学方法的关键环节。教育领域不断发展，教学方法也在不断演变。因此，教师需要不断学习和改进自己的教学技能。定期的教育反馈可以帮助教师在教育领域保持竞争力，提高教学质量。

第二，教育反馈的形式。高校可以采用多种形式的教育反馈来支持教师的成长。首先，教育专家评估。高校可以邀请教育专家来定期评估教师的教学表现，这些专家通常具有丰富的教育经验和专业知识，可以提供有针对性的反馈和建议。其次，同事合作。教师可以与同事合作，相互观摩课堂教学、互相提供反馈，这种互助机制有助于教师共同成长，共同提高教学质量。最后，自我反思。教师也应该积极参与自我反思，通过反思自己的教学方法和表现，发现改进的空间，这种自我反思可以成为教师专业成长的重要驱动力。

第三，反馈的周期性。定期的教育反馈应该是一个连续的过程，而不是一次性的事件。教育领域的变化和发展需要持续的学习和改进，因此反馈应该定期进行，以确保教师保持在教育的前沿。高校可以建立反馈计划，规定反馈的时间和频率，以确保教师能够得到及时的支持和指导。

四、专业发展计划

(一) 制订个人专业发展计划

制订个人专业发展计划是青年教师职业成长的重要一步，这个计划不仅有助于他们明确自己的职业目标和发展方向，还能帮助他们制定切实可行的发展策略。

第一，明确职业目标。青年教师需要仔细考虑自己的职业目标，包括在教育领域中取得何种地位和成就，这可能包括成为一名杰出的教育家、在特定领域内取得重大成就，或者成为领导者。

第二，评估个人技能和兴趣。了解自己的强项和兴趣，有助于确定适合的发展方向。青年教师可以考虑参加专业培训、继续教育课程，或者深入研究特定领域的机会。

第三，设定时间表和目标。制定一个明确的时间表，帮助青年教师分阶段实现他们的职业目标，这些目标可以包括发表论文、获得高级学位、参加教育会议等。

第四，建立反馈机制。青年教师可以定期与导师或资深同事交流，以获得反馈和指导，这有助于调整专业发展计划，以应对变化和挑战。

第五，持续自我评估。不断审视和评估自己的进展，根据实际情况对专业发展计划进行调整和修订。

(二) 职业晋升机会和发展路径

高校应该为青年教师提供清晰的职业晋升机会和发展路径，以鼓励他们不断提高自己的教育和科研水平。

第一，升职机会。高校应该为青年教师提供晋升机会，鼓励他们不断进步，这可以包括晋升到高级职位，如副教授或教授，以及升职的标准和要求应该透明化，以便青年教师了解如何达到这些标准。

第二，更高级别的职位。高校可以设立一些高级职位，如研究教授或特聘教授，以鼓励杰出的青年教师在教育和科研领域取得更高的成就。

第三，薪酬奖励。除了职业晋升机会，高校还可以考虑提供薪酬奖励作为激励措施，这些奖励可以基于教育贡献、科研成果或其他评价标准进行分配。

第四，导师制度。建立有效的导师制度可以帮助青年教师获得指导和支持，以便更好地发展自己的教育和科研技能。导师可以与他们分享经验、提供建议，并推动他们的职业发展。

第五，提供资源和培训。高校可以提供资源和培训，帮助青年教师提高他们的教育和科研水平，这可以包括研究基金、教育技能培训、科研设备和实验室资源。

（三）支持学术活动参与

青年教师的专业发展还应包括参与学术活动，这有助于他们拓宽视野，扩展知识领域，建立学术合作关系。

第一，学术会议。高校可以提供资金支持，鼓励青年教师参加学术会议，这些会议是与同行交流和分享研究成果的重要机会，有助于提高他们的学术声誉。

第二，研讨会和研究组。设立研讨会和研究组，帮助青年教师与同事进行深入的学术讨论和合作，这有助于促进知识交流和共同研究项目的开展。

第三，教育交流活动。高校可以组织教育交流活动，使青年教师能够与其他学校或国际教育机构进行合作，这有助于拓宽他们的国际视野，学习不同教育体系的最佳实践。

第四，研究基金和资源。提供研究基金和必要的研究资源，帮助青年教师进行自己的研究项目，这些资源可以包括实验室设备、文献访问权和研究助手支持。

第五，学术导师。分配学术导师，帮助青年教师在学术领域取得成功。学术导师可以提供指导、建议和支持，以帮助青年教师成长为杰出的教育家和研究人员。

五、教育技术和创新

（一）探索教育技术和在线教学方法

随着信息技术的迅猛发展，现代教育领域也在不断演变和发展。传统的教学方式正在逐渐演变为更加互动和个性化的教育方法。教育技术和在线教学方法成为推动这一变革的关键因素。高校青年教师需要不断学习和探索，以适应这一快速变化的环境。此外，为了推动教育领域的发展，高校应该积极鼓励青年教师参与教育技术的研究和创新，这可以通过设立研究基金、提供研究支持和奖励教师的创新成果来实现，这种支持不仅能够帮助青年教师更好地理解教育技术的最新趋势，还能激励他们积极参与教育技术领域的研究工作，为教育改革和创新作出贡献。

（二）提供资源和培训

第一，高校资源支持。高校应该提供必要的资源，以帮助青年教师更好地利用新技术和教育创新工具，这些资源可以包括教育技术设备、教育资源平台和数字化教材，这些资源的提供可以极大地降低教师探索新技术的门槛，使他们更容易应用这些技术到课堂教学中。

第二，培训和发展计划。高校还应该建立培训和发展计划，以确保青年教师能够掌握新技术和教育创新工具的使用方法，这些培训课程可以涵盖教育技术的基础知识、在线教学的最佳实践及如何有效地使用教育资源平台。通过提供培训，高校可以确保教师能够充分发挥新技术的潜力，提高他们的教育质量。

（三）支持教学方法改进

第一，鼓励教师创新。高校应该鼓励青年教师不断改进教学方法，以提高学生的参与度和学习效果，这可以通过鼓励教师尝试新的教学策略和方法来实现。教育研究和经验分享也可以为教师提供宝贵的参考，帮助他们不断改进自己的教学方式。

第二，实践和反馈。教育创新需要实践和反馈。高校可以为青年教师提供实验性的教学机会，让他们尝试不同的教育技术和方法。同时，高校还应该建立有效的反馈机制，以帮助教师了解他们的教学效果，并提供改进建议，这种反馈可以来自学生、同事及专业教育顾问，帮助教师不断完善自己的教学方式。

六、鼓励国际交流

（一）提供国际学术交流机会

第一，短期访学。短期访学是一种非常有效的国际学术交流方式，它为青年教师提供了与国际同行面对面合作和学习的机会。通过参与短期访学，青年教师可以亲身体验不同国家和文化的教育和科研环境，了解国际前沿的研究进展，建立国际化的学术联系。高校应积极支持和鼓励青年教师参与短期访学项目，为他们提供经济支持和行政便利。

第二，合作项目。除了短期访学，高校还应提供各种合作项目的机会，以促进国际学术交流，这些合作项目可以包括联合研究、学术合作协议、科研项目合作等。通过与国际同行的合作，青年教师可以分享自己的研究成果，获取来自不同文化和学术传统的启发，推动自己的研究领域的发展。高校可以设立专门的合作项目基金，鼓励青年教师积极寻找国际合作机会。

第三，国际学术会议。参与国际学术会议是另一个重要的国际交流机会。国际学术会议是学术界的盛会，汇聚了世界各地的研究者和学者，提供了交流和合作的平台。高校应鼓励青年教师积极参与国际学术会议，并提供经费支持和行政便利。通过参与国际学术会议，青年教师可以展示自己的研究成果，与国际同行建立联系，获取新的研究灵感。

（二）支持参与国际会议和项目

第一，经济支持。青年教师参与国际会议和项目需要一定的经济支持。高校应设立专门的国际交流基金，用于资助青年教师的国际交流活动，这些基金可以覆盖旅行、住宿、会议注册费等费用，减轻青年教师的经济负担。此外，高校还可以与企业和基金会合作，争取更多的资金支持，以扩大国际交流的规模和范围。

第二，行政便利。除了经济支持，高校还应提供行政便利，简化国际交流的手续和流程，这包括签证办理、国际机票预订、住宿安排等方面的支持。青年教师通常需要花费大量的时间和精力来处理这些事务，如果高校能够提供相关的服务和支持，将大大减轻他们的负担，使他们能够更专注于学术交流和合作。

第三，奖励机制。为了鼓励青年教师积极参与国际会议和项目，高校可以建立奖励机制，这些奖励可以包括学术荣誉、奖金、晋升机会等。通过这些奖励，高校可以激励青年教师积极参与国际交流，提高他们的国际竞争力。同时，这也有助于高校建立国际化的师资队伍，提升学术声誉。

（三）建立国际合作项目

第一，与国际高校的合作。高校可以积极与国际高校建立合作关系，推动国际学术交流，这种合作可以包括学术交流协议、双学位项目、联合研究中心等。通过与国际高校的合作，高校可以为青年教师提供更广泛的合作机会，推动双方的教育和科研水平。此外，这种合作还可以促进文化交流和人才培养，为学生提供更多的国际化教育机会。

第二，跨国研究项目。高校可以积极开展跨国研究项目，吸引国际合作伙伴参与，这些项目可以涵盖各种学科领域，包括科学、工程、社会科学、人文科学等。通过跨国研究项目，青年教师可以与国际同行合作，共同解决全球性问题，推动科研领域的创新。高校可以为这些项目提供经费支持、研究设施和人力资源，以推动项目的顺利进行。

第三，国际交流活动。高校可以组织各种国际交流活动，为青年教师提供交流和合作的平台，这些活动可以包括国际学术研讨会、国际文化节、学术讲座等。通过这些活动，青年教师可以与国际同行建立联系，交流学术观点，了解不同文化和学术传统。高校可以为这些活动提供组织和经费支持，以确保其顺利进行。

第三章 高校青年教师专业发展的有效途径

第一节 增强高校青年教师专业发展的理论支撑

"高校是培养和塑造具有创新能力高层次人才队伍的重要场所，高校青年教师是推动高等教育事业科学发展的新生力量。"① 长期以来，我们的教育教学是在这样的"假定"中展开的，即教师的教育一劳永逸，学生永远需要教师的教育。教学的发展性也就被限定在学生的发展和变化上，而忽视了教师的发展。实际上，在教育教学过程中，教师应当与学生共同成长、共同发展。没有教师的发展，也就没有学生更好的发展。教师的教育研究，可以使教师真正成为有思想、有能力、有智性、有悟性的教育实践主体。通过教育教学研究，教师才能不断找到专业发展的新基点。因此，提高高校青年教师的科研能力，对新形势下提高大学生教育质量、提升高校科技创新能力、增强高校社会服务功能、加快推进高校科研创新体系建设和加速科研成果转化效率，具有重要的理论意义与现实意义。目前，多数学者以管理学、心理学、教育学等理论视角为出发点，深入分析和探讨新形势下提高高校青年教师科研能力的应对策略。

一、高校为青年教师提供制度倾斜与价值导向

高校在推动高校青年教师科学研究工作中起着极为重要的作用，也是落实各项国家教育政策的最终实施者，对新形势下推进高校青年教师专业发展具有不可替代的地位。因此，要规范高等学校出版社和学术期刊管理，切实把好研究成果出版与发表的关口。鼓励开展健康的学术批评，营造尊重创新、宽容失败、尊重差异、包容多样的学术环境，有效防止学风不正、学术不端行为的发生，以优良的学风促进哲学社会科学研究评价的健康发展，以科学的评价促进哲学社会科学研究优良学风的形成。

---

① 梁君思. 高校青年教师专业发展问题研究 [M]. 南昌：江西人民出版社，2013：139.

（一）提升高校青年教师的科研意识与能力

高等教育机构的年轻教师通常处于科研初期的探索阶段，正在熟悉科学研究的过程和相关事项。在科研初期，一些年轻教师可能会面临"学术敬畏"和"自信不足"等问题，因此，高校应当在立项阶段提供适当的支持和鼓励，以促使他们获得科研项目的机会，并在科研申请和执行过程中促进他们的成长。科研立项的早期阶段有助于年轻教师尽早适应科研角色。目前，部分高校已经设立了校级课题，以帮助年轻教师启动相关科研项目。然而，项目的公布和截止时间之间的间隔较短，且缺乏详细的指南。虽然这为年轻教师提供了自主选题的空间，但缺乏有效的指导。因此，高校应当在科研课题立项环节提供足够的准备时间和指导，同时避免过度干预跨学科和跨领域研究。

另外，在科研资助方面，应坚持适度原则。过度的资助可能导致年轻教师追求急功近利，从而在科研中出现不当行为。有些高校为鼓励教师产出成果，差异化地分配项目资助，使资历较长的教师获得更高的课题资助，而年轻教师只能获得有限的支持，这可能会降低年轻教师的科研积极性。在科研项目结题评估中，应该给予年轻教师更大的弹性。评估应该充分肯定他们的研究价值，激发科研热情，同时指出不足之处并提供后续研究的指导。科研项目申报和执行的管理对提升年轻教师的科研水平具有重要作用和意义。

高校应该为有需要的年轻教师提供多层次的培训和指导，建立"导师"制度。目前，一些高校已经启动了青年教师"导师"制度，雇用高水平的教师来指导他们的成长，通过"传帮带"的方式支持他们的专业发展，这一制度的初衷是积极的，但也存在问题。有些高校采用科研团队建设的方式实施"导师"制度，以某位领导或资历较长的教师为主导，年轻教师作为主要研究成员参与课题研究，这种制度可以帮助年轻教师快速适应科研工作，但如果没有相应的退出机制，可能会成为他们进一步提高科研水平的障碍。此外，当前进入高校工作的年轻教师通常拥有较高学历、坚实的科研基础和创新的研究方法，如果不适当实施"导师"制度或过于约束他们，可能会影响他们的科研主动性和创造性。因此，高校应该根据年轻教师的具体情况，制订个性化的培训计划，以提高他们的科研能力和促进专业发展。另外，高校应该注重建设科研型群体组织，如学术研究中心和课题组，同时聘请学术专家提供宏观指导，为年轻和资历较长的教师之间提供交流和学习的机会和平台。

（二）鼓励高校青年教师积极参加学术会议

学术自由需要自由的舆论氛围和相关政策的有效支持。在我国，高校青年教师思维活跃、知识结构扎实、学科结构合理。然而，要促进科学研究的深度和广度，需要打破学术研究的壁垒，采用开放的学术视野进行研究，以获得更实际和客观的研究成果。

科研团队是高校青年教师开展科研活动的组织基础，也是将他们培养成学科带头人和学术骨干的关键。然而，目前，高校青年教师倾向于独立从事科研，缺乏团队合作。虽然这在防止学术闭门造车方面有一些好处，但个体科研力量相对较弱，难以形成合作力量，也存在着思路拓宽和学科融合的不足。因此，提高高校青年教师的团队意识，建立科研团队，积极参与学术会议，对提高科研能力和不同学科之间的协作和融合非常重要，这有助于高校青年教师更好地了解社会关注的问题，应对现实和理论挑战，运用跨学科视角解决问题，并形成有效的对策。同时，这也有助于培养科研思维、拓展研究思路、建立科研团队，增强研究的广度和深度，促进产学研结合，积累学术资本和科研经验，为未来科研提供坚实的基础。

（三）激发高校青年教师的深层次科研动力

目前，部分青年教师在高校并没有充分重视科研工作，普遍认为科学研究应由具备资深经验的教授来负责，这导致他们缺乏内在的科研激励。此外，一些青年教师的科研动力或者科研需求主要来自外部因素，而非内在兴趣。

高校的科学研究水平在很大程度上受到教育科学的发展水平影响。当前，大部分青年教师正处于初入科研领域的阶段，但他们普遍缺乏对专业发展的明确意识，这使得他们在深入科研方面存在不足，进而对高校青年教师的科技创新水平和所在专业学科的可持续发展带来负面影响。此外，青年教师也受到来自外部社会环境的舆论压力。然而，由于他们的科研经验相对有限，进入高校工作后，通常需要一段时间才能建立起稳定的研究方向，这也成为制约他们专业发展的重要因素。只有深入研究某一专业领域，才能有望发现和探索其中的深层次问题。

在选择科研课题时，青年教师通常偏向于选择已有广泛研究的领域，而不够关注与实际问题相关的研究。此外，许多青年教师在评定职称之前积极投入科研，但一旦获得职称后，科研活动常常急剧减少，这种波动现象反复出现，这在很大程度上是因为青年教师没有找到坚实的科研动力，无法激发内在的科研热情。因此，要解决这个问题，青年教师需要培养学科意识、明确研究方向。此外，将他们的个人发展与学校学科建设结合起来，可以激发他们更深层次的科研动力，既有利于学科建设，又有利于提高青年教师的科研能力，从而促进他们的专业发展。探索未知领域应成为激励青年教师的内在动力，这将有助于提升他们在科研领域的表现，最终推动高校青年教师的专业发展。

二、高校青年教师应自觉提高科研能力与科研素质

（一）培养问题意识，实现教学工作与日常生活的融合

科研工作具有高耗时、高投入和高难度等特点。一些高校青年教师由于自身科研基础较薄弱或受到外部科研环境限制等，对科研工作存在敬畏和抗拒心态。同时，有些年轻教师在时间和精力上将教学和科研对立起来，未认识到二者相互促进的关系。高校青年教师在备课和科研上投入了大量时间，但如果将教学与科研对立起来，会出现时间争夺的问题。然而，将二者结合起来可以减轻这种对立，实现教学和科研的协调，创造更多时间。此外，要找到教学和科研的结合点，使它们互相促进。教学有助于发现科研课题和巩固学科基础，而科研则有助于提高教学的深度和广度，对培养学生思维能力和提高教学质量具有重要推动作用。为了提高高校青年教师的科研意识，让他们尽快适应科研角色，需要培养他们的问题意识。将科研、教学和日常生活结合起来，实现"教学工作学术化，日常生活学术化"，这是推动高校青年教师专业发展的关键。具体措施如下：

第一，在教学工作方面，高校青年教师刚开始工作，对所授课程内容、授课方式及大学生教育规律和心理规律了解不足。他们面临着来自学校的教学质量考核和管理压力，需要投入大量时间和精力来提高教学质量。面对繁重的教学任务，很难腾出时间从事科研工作。当前，许多高校管理者已经认识到"以教学促进科研，以科研提升教学"的理念。将教学工作学术化是解决教学与科研时间冲突的有效途径，有助于高校青年教师及时获得最新科研成果，提高教学内容的深度和广度。科研也可以通过改进教学方法提高教学质量，促进教学和科研的互动。此外，从事管理或领导职务的高校青年教师也应当培养问题意识，用科研视角解决管理难题，总结解决问题的方法和策略。

第二，在日常生活方面，高校青年教师通常处于家庭和职业发展初期，面临着经济和心理压力。由于这些压力，他们很难将足够的时间和精力投入科研工作。将日常生活学术化可以帮助他们将生活中遇到的问题看作学术问题，分析问题根源并找出解决办法，这有助于他们更主动地处理生活和职业中的问题，训练学术思维，适应挑战。

（二）选择难度适宜的"短、平、易、快"选题

为了选择适宜的科研课题，高校青年教师有时会急于获取经费、发表论文，或获得津贴，因此他们往往会选取最容易产生结果但缺乏实质意义的研究主题。然而，本书认为"短、平、易、快"的选择原则仅适用于初期探索阶段的高校青年教师，这是因为高校青

年教师需要不断积累经验和知识，而一开始很难确定终身的研究方向。从宏观角度看，他们需要逐渐确立稳定的研究领域，以提高科研水平。科研是一个长期积累的过程，因此高校青年教师在选择研究方向时应谨慎考虑。

对于科研的追求已经使学术问题更加精确和狭隘，即使在最具人文精神的领域，也需要有耐心和客观数据积累，以朝着更为严格、客观和具有预言性的方向发展，而不是迂回无法解决的哲学问题。科研的深入发展导致专业知识分散化，这给高校青年教师之间的交流和沟通带来了障碍。如果选择了偏向或缺乏实际意义的研究方向，高校青年教师可能会难以获得有效的交流和指导，这将不利于他们的科研水平提升和专业发展。为了有效推进高校青年教师的专业发展，必须及时发现并解决他们在科研工作中遇到的困难。在科研初期，建议高校青年教师从小的研究点入手，逐步将这些点连接成线，然后拓展成面。

当前，教学质量被视为高等教育发展的核心，因此，对于刚进入高校的年轻教师而言，教学工作应成为首要任务。然而，提升教学质量需要投入大量的精力，以积累长期的教学经验。因此，年轻教师可以在教学工作中挑选合适的科研课题，并逐渐展开研究。考虑到年轻教师在教学、科研、家庭和经济等方面承受较大压力，例如时间紧凑、问题复杂、思考周期有限等特点，他们在选择科研课题时，最佳策略应缩短研究周期、以兴趣为主要动力、以现实性为主要导向。他们应该选择合适的"短、平、易、快"的课题，而不是过于复杂、多学科或需要漫长研究周期的课题。因为深度研究课题通常需要大量时间和精力，而且往往与日常生活和教学工作脱离较远。由于课题难度和研究周期较长，年轻教师往往难以应对和掌握这种类型的研究。因此，这些深度研究课题往往可能被搁置，影响年轻教师参与科研的积极性，进而妨碍他们的专业发展。在当前体制下，选择"短期、可行、易于实现、迅速取得结果"的课题是年轻教师的一种可行策略，包括以下方面：

第一，高校青年教师应克服对科研的恐惧心理。当前，初入职场的高校青年教师可能对课题申报、科研规范、科研流程和科研管理等领域了解不深，有些甚至认为自己的职责仅限于备课、教书和学生管理，将科研视为专家、教授等群体的事务，与自己无关。另一些青年教师担心科研需要大量时间和精力，或者认为科研过于复杂，担忧自己的成果可能受到质疑。因此，一些青年教师对科研工作存在抵触情绪和畏惧感。为了克服这一障碍，高校青年教师需要正确认识科研工作，不害怕失败，不怀有畏惧情绪。此外，他们也不应害怕暴露自己知识结构的不完整，因为只有不断发现和弥补知识的不足，才能不断提高科研水平，实现专业发展。

第二，高校青年教师应提高科研成果的转化率。青年教师的科研创新能力是在科研工作中逐步培养的，将理论与实践结合起来，有助于早期问题的发现和解决，以及知识结构的不断完善。当前，许多高校更注重"量化考核"，导致一些青年教师过分追求发表论文数量，而忽视了科研质量的原创性。然而，在当前的体制下，应对科研压力的最佳策略是选择较小的研究课题，这样的课题较易掌握，研究范围较小，易于掌控，有助于缩短研究周期，提高研究成果的转化率。然而，即使是小课题，青年教师也需要认真对待，全身心地投入。因此，提高科研成果的转化率对于促进高校青年教师的专业发展至关重要。

第三，高校青年教师应合理选择研究重点并积极申报科研项目。研究对象的选择直接影响科研成果的价值。建议从国家、省市级课题的选题指南中获得启发，选择围绕社会和理论热点展开研究。在横向方面，要深入了解所处领域的整体结构；纵向方面，要探索研究领域的历史、现状和未来，力求提出解决实际难题的策略。此外，高校青年教师应积极申报科研项目。科研项目申报通常是科研工作的开端，一些青年教师往往在此环节存在时间仓促、盲目行动等问题，导致成功率较低。因此，科研项目申报是对高校青年教师前期科研工作的提升和延续。

第四，高校青年教师应正确选择和灵活运用科研方法。他们可以采用跨学科研究方法，不断创新研究方法，以提高科研水平。正确的方法学是深入分析和推进科研的重要前提。因此，正确选择和有效应用科研方法对于准确分析选题具有重要作用，同时也有助于拓宽研究视野、丰富研究内容及完善知识结构。

第五，高校青年教师应建立稳定的科研方向。他们应该在小选题研究的基础上逐渐确定稳定的研究方向，提高科研的深度，不断提高科研的质量和水平。稳定的研究方向对于不断提高科研水平至关重要。随着对课程教学内容和大学生教育规律的深入了解，高校青年教师应逐渐将重心从教学转向科研，并且研究课题也应由小到大。科研需要长时间的探索，高校青年教师通常具有活跃的思维和广泛的兴趣，但由于经验不足，容易在学术方向上犹豫。因此，高校青年教师应虚心向学术前辈学习，站在学术前沿，踏实钻研科研方向。同时，他们需要有坚定的信念，因为大课题的研究需要长时间的探索，只有坚持不懈地研究，才能创造有价值的科研成果。

（三）端正研究态度，掌握研究方法，结合地方实际

在当前背景下，受到社会不良舆论和环境的不利影响，一些高校青年教师在进行科研工作时存在心态上的急躁和不稳定等问题。因此，高校需要继续采用有效的方法，如"批评与自我批评"，以帮助年轻教师树立正确的科研态度，使他们能够抵制各种吸引，专心致志地从事科研工作。同时，相较于有更多资历和经验的老教师，年轻教师通常具有较低的职称、较少的薪酬、更重的教学工作负担，缺乏展现自身才华的机会。因此，他们迫切

需要通过提高科研水平和产出科研成果来赢得职称晋升、经费支持、研究项目立项及出国留学等提升机会。与老教师相比，年轻教师在体力、经验和知识结构方面具备一定优势，使他们能够更快地取得科研成果。然而，在科研过程中，年轻教师需要特别关注克服急功近利的浮躁情绪和自以为是的傲慢情感。

此外，高校应该善用批评和自我批评这一重要工具，以帮助年轻教师树立正确的科研态度，提高他们的自我控制能力，抵制学术不端行为，不断提升年轻教师的专业发展水平。除此之外，在树立正确科研态度的前提下，高校青年教师还须掌握科学的研究方法。科学的研究方法是正确理解和分析研究对象的有效工具。从科学方法论的历史演变来看，它主要包括自然哲学方法、哲学方法、逻辑方法和理论方法四种形态。因此，高校青年教师在踏入科研领域之前，应该深入学习科学研究方法。在资料收集方面，他们需要全面、细致地收集信息，充分利用图书馆、电子期刊、网络资源等学术资料。在资料整理方面，需要谨慎选择、分类整理，按照"经典"到"次要"的顺序整理研究材料。在资料分析方面，应该有针对性、有重点地多角度分析，保持思路的清晰度。在整个论文撰写过程中，需要反复修改、追求更高水准，致力于深入研究"经典"理论和钻研热点问题，以追求学术前沿。

作为高校青年教师，他们应该选择具有进一步拓展空间的研究课题，以支持未来研究的发展和理论深度的拓展。与此同时，服务社会是高校不可推卸的责任。因此，高校青年教师需要将科研工作与地方实际结合起来，为地方经济、社会和文化的繁荣与发展提供理论支持。总而言之，作为高校青年教师，他们需要扎实掌握科学的研究方法，以严谨的科研态度来审视和探索那些具有较大理论和实践价值的研究课题，不断提高自身的科研能力和水平，创造更有价值的研究成果，从而实现专业发展的目标。

（四）增强创新意识，遵守学术道德，提高科研成果质量

创新是国家前进的核心，是国家繁荣发展的原动力。缺乏科技创新将导致永远处于跟随他人的境地，经济也将受到永久制约，差距缩小的可能性微乎其微。高校在社会结构中扮演着不可或缺的角色，但学术创新觉悟有时会受到不良社会趋势的冲击。目前，高校科学研究中存在一些问题，例如"学术泡沫"现象较多及严重的低水平研究的重复。此外，某些地方"亚文化"也会对学术研究和创新思维造成不利影响。

同时，高校青年教师饱受科研成果的巨大压力和急功近利思维的困扰，导致他们较少从事原创性和长期性的研究。近年来，国内学术界的科研成果数量增长，但质量的提升却有限，低水平和重复性研究居多。此外，一些高校将教材与专著等同看待，导致青年教师

更倾向于编写教材而忽视科研。因此，保持学术规范，自觉遵循学术伦理，是当前阶段高校青年教师不可推卸的责任。坚守"求真求是"是学术研究的核心原则，"诚实"是治学的根本态度，提升个人科研水平和科研成果品质是学术研究的根本方向。首先，在学术论文撰写中，必须精练学术用语；其次，在研究素材筛选和资料审查方面，应力求精益求精，以提高论文的水准；最后，必须正确看待批评和错误，高校青年教师应虚心接受专家和其他教师的审评意见，不断提升论文写作技巧和科学研究水平。

第二节　夯实高校青年教师专业发展的学科基础

随着在校大学生数量的增加，高校新校区建设迅速推进，教师队伍也呈现出快速增长的趋势，大量青年教师进入高校，在满足了高等教育扩张对高校教师的量的需求之后，人们关注的重点开始从师资队伍的数量增加问题转移到了教育教学质量的提高问题上来。高校课堂与其他阶段课堂有着很大的不同，从知识的"学习和积累"到知识的"讲解和应用"，从课前备课到课堂讲授再到课后反思，都是在高校青年教师相对独立的工作模式下进行的，而且高校课堂教学内容与教学形式有着较大的独立性和隐蔽性，因而高校课堂教学效果的好坏在很大程度上取决于高校青年教师个体的努力情况。因此，高校青年教师教学能力的提高，既是新形势下不断推进高校青年教师专业发展的重要途径，也是中国高等教育事业发展适应国际潮流和应对时代挑战的必然要求。因此，夯实高校青年教师专业发展的学科基础，可以从以下几方面着手。

一、理清思路，正确认识提升教学能力的重要性

自我国高等教育扩招以来，大量青年教师涌入高校工作，全国范围内高校教师队伍正处于新老交替的历史时期。当前，在高校教学一线担任教学工作的，大部分是高校青年教师。高校青年教师群体有其显著的特点，他们凭借着自身的科研优势进入以"科研业绩"为主要准入标准的高校工作，而在教学技能方面的不足往往会被优异的科研业绩所掩盖；并且，由于高校青年教师在进入高校工作岗位之初，在教学方面也没有得到较好的训练，却要担任大量的课程教学工作，使得对大学生的教育教学质量降低。诚然，从知识储备上来看，高校青年教师在教授大学生专业知识上是没有问题的，但是，"学习知识"与"传授知识"的过程有着本质的不同。教学是一项需要长期训练才能获得的技能，更是一门深奥的艺术。因此，在新的历史形势下，不断加强高校青年教师的教学技能培训工作，对现

阶段提高高等院校大学生教育教学质量具有重要的作用和意义。

高校大学生教育教学质量的高低，是衡量一个学校教育教学水平最重要的指标。因此，高校青年教师作为推动我国高等教育发展的重要后备力量，需要得到社会的支持、学校的支持；同时，加强高校青年教师队伍建设，也是新形势下不断提升高等院校教育教学效果与大学生教育质量的关键环节。

二、推进教学方式改革，塑造积极的文化价值取向

在中华民族五千多年的历史文化发展进程中，形成了"尊师重道"等优良的传统，并且把"教师"的身份和形象置于较高的地位。因而，在高等院校发展过程中，部分"重点大学"带领"地方大学"前进；在高校学科建设上，部分"重点学科"带领"非重点学科"前进；在高校教师队伍发展过程中，最常见的模式就是"一部分人带领另一部分人"前进。然而，这种模式并未体现出高校教师之间平等、合作、互惠等关系。例如，在高等院校组织或参与组织的各类诸如教学展示、集体备课、教学分析、公开课、教学竞赛等活动中，在课题申报、经费获得、科研奖励、资格获取等方面，总是那么几位教师会被优先考虑，或者某位资深教师牵头，带领一部分人拿下项目，虽然有时候"牵头者"并非此行业的研究人员，但只有这个人牵头才能拿下项目。可见，为实现高校青年教师专业发展，必须成立高校教师"互助小组"，以学科中的一些常规性、技术性、热点性的材料为基础，让教学骨干教师或老教师与新参加工作的青年教师在合作中学习。同时，要改变以往单纯依靠行政压力的自上而下的"科层制"学校组织管理模式，改变教师文化价值取向产生与发展的不良制度环境，给高校青年教师成长、成才、成熟提供更多的自主权，并为高校青年教师专业发展提供和谐良好的政治人文环境。

从当前高等教育中教学内容与教学方式的实践层面上来看，面对当前高校大学生的知识结构从"大一统"到"多样性"和"差异性"的转变，高校青年教师从以往传统的知识权威"传递者"变成了当前学习技能方法的"促进者"。教学模式和教学重点发生了变化，使得传统的教学方式（"听课—背诵—练习—再现"的学习模式），不再适应时代的潮流和高校大学生的需要。以往学生"被动"的学习模式，缺乏能动性、积极性和创造性，束缚了高校大学生思想的发展与能力的提高。因此，高校青年教师作为现今站在高校讲台上重要的后备力量，对当代高校大学生的成长成才有着重要的推动作用。所以，高校青年教师要树立大教育观和终身教育观，不断提高教学能力与教学水平，进而推动在大学生教育教学过程中的交互性、开放性和协作性，使高校大学生能够更加全面和完善地发展。

三、深入开展教育教学理论，不断提高教学技能

当前，充分调动高校大学生学习的积极性、主动性、创造性和实现高校教育教学目标，在很大程度上都取决于高校青年教师在教育教学过程中主导作用的发挥，也取决于高校青年教师自身素质的提高。因而，加大对高等教育教学相关理论研究的力度，不断提高高校青年教师教学技能，对提高高校大学生教育教学质量，进而促进高校青年教师专业发展具有重要的地位和作用，主要包括以下方面：

第一，树立积极的教育教学态度，运用启发式教学方法和高校青年教师的榜样示范作用来提高大学生教育教学效果。当前，高校大学生成长于信息全球化的历史时期，因而，唤起学习兴趣、诱发认知兴趣、活跃智力积极性，对于教学过程中发展知识、技能具有决定性的意义。

第二，以课堂讲授法为主要手段，以课堂教育教学为主要载体，夯实高校青年教师的基本教学技能。现阶段，为提高高校大学生外部竞争力，有的高校开设了多门课程，增加学生知识储备和技能培训。面对繁重的教学任务，讲授法是当前教学工作中最基本的、效率最高的教学方法。在当前高等教育发展过程中教学资源相对紧缺的情况下，高校青年教师必须注重提高课堂讲授技能，不断增进教育教学效果。在授课内容的选择上，要注意把教材中的理论知识与现实生活中的例子结合起来，选取与学生生活学习等密切相关的事例为切入点，以兴趣为先导，提高学生参与课堂学习的积极性、主动性和创造性。例如，高校青年教师在课堂讲授中要注重教学案例在高校大学生教育教学过程中的运用。教学案例，着眼点在于提高学习者创造能力和实际解决问题能力，对了解概念、学习原理、应用知识等具有重要的意义和作用。总而言之，高校青年教师只有通过讲解、导入、提问等基本教学技能的提高，才能在课堂教学中讲准、讲精、讲透、讲活、讲深、讲生动，达到"管用"的目的，这样才能得到学生的认可和接受。

第三，高校青年教师应注重教师之间交流，虚心向老教师学习教育教学经验，认真备课，不断提高教育教学的艺术化水平。高校青年教师应重视教师之间及师生之间的相互交流。一方面，高校青年教师需要经常主动地和同事、学生交流思想，在了解教师教学技能发展的一般路径之后，敢于承认自己在教学技能发展过程中所存在的问题，寻求与同事的合作与帮助。另一方面，高校青年教师应着力构建积极向上、共同提高的教师文化价值取向。

第四，高校青年教师应积极推进研究式教学，不断提高教学质量水平，拓展理论研究深度。一般说来，研究式教学通常是围绕着某一特定的选题而展开的，也称为项目学习、

项目研究、专题式学习或者小课题研究等。研究式教学的选题来源，大多来自高校大学生在学习、生活过程中遇到的现实问题或者热点问题，而且这种教学模式更加注重学生的自主参与，并着力建立一种主动发现、独立思考的学习思维模式。由于在小选题研究中，学生亲身体验到认识问题、分析问题、解决问题等从获得感官体验到形成理论见解的过程，所以，大学生能够在思维拓展、思想意识、情感意志等方面获得较大的提升。同时，这种教育教学方式在内容和形式上更加灵活、广泛，更能激发高校大学生获取知识的兴趣，高校青年教师能够通过研究式教学方式帮助高校大学生学会学习，弥补课堂教学中的不足。

第五，高校青年教师应立足多学科视角，深入探讨教育科学规律，锤炼教学语言，培养幽默品质，用学生喜闻乐见的语言风格沟通，引起师生共鸣，提高教育效果。教学研究是一个涉及多方面学科知识的系统工程。例如，教学过程中的认识问题、师生关系的问题等，都涉及哲学视野中认识论的领域，从这个视角来看，教学的过程就是认识的过程。在这个过程中，师生沟通的"语言"就成为教师传递知识不可或缺的重要手段。从心理学层面上来看，早在19世纪初，赫尔巴特就提出要在心理学基础上建立教学方法论，引进到美国之后发展成为"教育心理学"，并以学习理论、发展理论、智力理论、动机理论等为教育方法的研究提供了很好的视角。例如，"寓教于乐"更能抓住大学生的兴趣，进一步提高课堂的吸引力和深化高校大学生对教育教学知识的理解，因为，高尚的幽默隐含了生活的全部哲学。从社会学视角来看，在高校青年教师和学生组成的系统中，不仅包括知识的传递和认识的实现，而且包括课堂的组织和管理，需要师生共同努力才能达到最好的效果。所以，教学作为高校青年教师应当下大力气来锤炼的一门艺术，需要从多个学科视角来分析和研究。唯有如此，才能有效提高高校青年教师教育教学能力，进而促进高校青年教师专业发展。

第六，高校青年教师应积极开展活动教学，追求师生共同提高。活动教学法是一种新型的教学方法，一般是指高校青年教师根据教学目的和学生获取知识的过程，为高校大学生提供适当的教学情境，并根据高校大学生身心发展的程度和特点科学设置，以素质提高与能力拓展为主要目的，让高校大学生凭借自己的能力参与到阅读、讨论、辩论、游戏、写作、演讲、表演、实验操作等知识学习的活动过程之中。并且，活动教学能够充分体现和锻炼当代高校大学生在主动探究、主动思考、主动推进、主动学习、主动操作等知识学习过程中的主体性作用。同时，活动教学过程中的小组活动、自由讨论、小选题研究、辩论争论等形式，能充分体现同学之间、师生之间的互相帮助、互相启发的精神，尤其注重培养学生的合作意识和创新精神，并能实现师生共同提高的目的。

在实践层面上，也以组织学生外出调研和带领学生展开科研课题研究等形式开展了

"活动教学"，取得了一定的成果，在学生学习能力提升和素质拓展方面及教师的教育教学效果上都取得了较为显著的效果，同时也对高校青年教师教学能力的提升和专业发展具有重要的作用和意义。

第三节 提升高校青年教师专业发展的道德修养

现阶段，社会环境与高校环境的相互交织、相互作用，对高校青年教师的师德建设与专业发展有着重要的影响。良好的社会风气、和谐的人际环境、融洽的师生关系及完整合理的制度规范，在高校青年教师专业发展过程中具有积极的促进作用。同时，高校文化建设及其相关制度规范的制定与实施，直接影响到高校青年教师工作效能感的高低。因此，高校相关职能部门必须对高校青年教师职业道德建设加以重视，采取切实有效的措施，着力实现以师德建设推进高校青年教师专业发展的最终目标。

一、坚持思想教育，树立崇高的职业理想

当代中国青年在思维方式和价值观念上更加多元、自主，在职业选择上更多关注的是自我价值的实现。高校青年教师大多是因为喜爱教师这个职业，才进入教师这个工作岗位的，较好地实现了"事业"与"兴趣"的统一。在"双向选择"就业过程中，进入高校工作的高校青年教师，对教育工作有着一份热爱，并希望能够在教师的工作岗位上做出一定的成绩。因此，为培养高素质的教师队伍、推进高校青年教师专业发展和提高高校青年教师职业形象，必须帮助高校青年教师树立坚定的职业信念和严谨的职业态度。

高校青年教师作为当代青年群体的重要组成部分，必然随着时代的发展树立起新时期独特、崭新的职业形象。教育作为现阶段推动经济社会发展的重要因素之一，教师的作用和地位显著增强，教师功能也在不断地拓展和深化。因此，教师应当通过自身专业发展来提升教育质量与职业形象，用持续学习的方式实现职业理想。当前，如何以思想政治教育工作和职后教育培训工作为主要载体，始终保持高校青年教师的职业信念，是值得高校管理部门深思的重要问题。同时，树立崇高的职业理想，也对进一步加强高校青年教师的职业道德建设工作具有重要的指导意义。

二、加强师德建设，尽快实现职业转型

加强高校青年教师师德建设，是新的历史形势下推进高校青年教师专业发展的必要条

件。因此，高校应加强教师职业理想和职业道德教育，增强广大教师教书育人的责任感和使命感。教师要关爱学生、严谨笃学、淡泊名利、自尊自律，以人格魅力和学识魅力教育感染学生，做学生健康成长的指导者和引路人。将师德表现作为教师考核、聘任（聘用）和评价的首要内容。采取综合措施，建立长效机制，形成良好学术道德和学术风气，克服学术浮躁，查处学术不端行为。

为有效应对时代潮流的挑战，高校青年教师应尽快实现职业转型，熟悉高校的运作模式和教学科研工作。高校作为推动高校青年教师专业发展的主要平台，应积极制订高校青年教师培养计划，提高高校青年教师师德建设水平。

当前，高校要以《中华人民共和国教师法》《教师职业道德规范》等法律法规为基本依据，加强对高校青年教师的职业道德教育。首先，要注重培养高校青年教师艰苦奋斗的精神；其次，在给予高校青年教师充分"自由"发挥空间的同时，要对高校青年教师思想进行正确的引导；再次，高校青年教师要正确处理教师之间、师生之间等人际关系；最后，学校各部门要坚持理论联系实际原则，扎扎实实开展高校青年教师的培养工作和管理工作，把工作落到实处。总而言之，只有各方面力量齐抓共管，高度重视高校青年教师师德师风建设，并有效指导高校青年教师制定个人成长的近期目标和长远规划，才能真正实现高校青年教师的长远发展。

三、树立积极职业心态，完善师德师风评价体系

推进高校青年教师职业道德建设，必须帮助高校青年教师树立积极向上的职业心态，合理规划职业生涯，以制度建设为保障，规范高校青年教师的职业操守。高校青年教师对高校大学生的教育教学效果，往往体现在自我言行的"示范"作用和"榜样"层面。其中，尤其要强化高校青年教师"为人师表"的意识。为加强高校青年教师职业道德建设，促进高校青年教师专业发展，并形成行之有效的长效机制，主要应当从以下两方面着手：

第一，由于高校青年教师抗挫折能力较差，因此，高校相关职能部门要帮助高校青年教师树立积极向上的职业心态，这对新形势下有效提高高校青年教师师德师风建设和促进高校青年教师专业发展具有重要作用和意义。同样，高校青年教师在专业发展过程中也存在着类似的境遇。因此，高校青年教师职业态度的差异会对高校大学生教育教学工作带来巨大的差异。如果高校青年教师没有树立积极向上的职业心态，没有高尚的师德师风，就无法感染高校大学生树立积极面对生活的心态，并成为对社会有贡献的人。

第二，要健全师德师风评价体系，建立公平合理的师德师风评价体系和考评考核指标体系。当前，要建立科学的师德评价体系，把师德考核的"软指标"变成高校青年教师日

常考评考核必需的"硬指标"，把"虚"的评判标准落到"实"的制度规范之上。一般说来，道德评价对高校青年教师师德建设乃至专业发展具有重要的调节作用。由于高校青年教师和大学生年龄差距不大，在讲课方式上大都活泼、新颖，所以在高校青年教师与学生之间的师生关系方面呈现出一种新型师生状态。但是，由于高校青年教师自身经验不足、个体心理不成熟、自我意识过强，使得高校青年教师容易情绪化地处理问题，这也成为现阶段影响高校师生关系和谐与高校青年教师师德师风建设的重要因素。因此，作为新时期的高校青年教师，要积极做好对高校大学生教育的教学反思，通过对自己所做出的行为、决策及由此所产生的后果进行分析，不断提高自身师德修养水平和教学效果。尤其是在科研方面，高校青年教师要避免学术浮躁和粗制滥造，使"教学"与"科研"互相促进，并在教育大学生专业知识与提高思想道德修养上实现并举。

总而言之，高校青年教师师德建设是一个循序渐进的长效进程，必须以制度为根本保障，以现实实践中存在的具体问题为抓手，全面规范高校青年教师的职业操守，进而实现以师德建设促进高校青年教师专业发展的最终目标。

第四节　加强高校青年教师专业发展的职后教育

近年来，我国高等教育建设事业稳步发展，为满足广大人民群众对高等教育的迫切需求，许多年轻教师加入高校工作。随着高校年轻教师比例的增加，人们开始关注高校教师队伍的构成和发展问题。因此，如何有效解决高校年轻教师在增长过程中的薄弱环节和消极问题，成为新形势下推动高等教育科学发展的重要任务。

一、高校青年教师职后教育概述

高等教育界一直以来都注重培养年轻教师的教学和研究能力。为了实现这一目标，高校制订了专门的职后教育计划，以满足刚刚进入教育领域的年轻教师的专业培训和发展需求，这种职后教育旨在协助这一群年轻教师更好地适应教育工作，并为他们提供所需的支持和资源，以提高其教学和研究能力。

第一，教学培训。青年教师在其教育生涯初期通常需要接受专门的教学培训，这项培训包括但不限于课程设计、教学方法、课堂管理和评估技巧等方面的内容，这有助于确保他们能够更好地传授知识，提高学生成绩和学生满意度。在这一领域的培训旨在培养青年教师的教育技能，使他们能够以创新和有效的方式传授知识，激发学生的学习兴趣。此外，教学培训还可以涉及现代教育技术的应用，以使年轻教师能够充分利用数字化教育工具和在线学习平台，这对于满足不断发展的教育需求至关重要，尤其是在全球化和数字化教育的背景下。

第二，研究支持。高校通常鼓励年轻教师积极从事研究工作，以促进学术发展。为了支持他们的研究活动，高校提供了各种资源、导师指导和研究经费等支持。这些资源包括图书馆资源、实验设备、实验室空间、研究助理等，以确保他们能够开展有深度和广度的研究工作。导师指导在研究领域也起到至关重要的作用。经验丰富的导师可以分享他们的知识和经验，引导年轻教师选择合适的研究方向，并提供有关研究方法和论文写作的建议，这种指导有助于年轻教师更好地理解学术界的规则和标准，从而更快地适应并融入学术社群。

第三，学术发展计划。学术发展计划是高校为青年教师制定的一项重要举措，旨在帮助他们设定长期的职业目标，并提供相应的培训和机会来实现这些目标，这些计划通常包括个人发展目标、学术研究目标及教育教学目标。通过明确定义和追踪这些目标，青年教师能够更好地规划自己的职业发展道路。学术发展计划还可以涉及参与学术会议、出版学术论文、编写教材等机会，以帮助青年教师建立自己的学术声誉，这些机会对于他们进一步融入学术社群及建立自己的学术身份至关重要。

第四，导师制度。为了更好地支持青年教师的职业发展，许多高校实行了导师制度，这一制度使年轻教师能够与经验丰富的教师建立联系，获得指导和建议。导师可以分享他们的教育和研究经验，帮助年轻教师更好地理解学术界的文化和潜规则。此外，导师还可以为年轻教师提供关于教学、研究和职业发展的宝贵建议。通过与导师建立紧密联系，青年教师可以更快地积累经验、克服困难，更好地理解自己的职业道路。

第五，评估和反馈。高校为了确保教育质量，通常会定期对青年教师的教学和研究工作进行评估，这一评估不仅涉及学生的学术表现，还包括同行评审、教育领导的评估及自我评估。通过这一过程，青年教师可以获得宝贵的反馈，帮助他们不断改进自己的教学和研究方法。评估和反馈不仅有助于提高教育质量，还有助于确保青年教师在学术界的职业发展。他们可以根据反馈意见调整自己的教学策略和研究方向，逐渐提升自己的学术水平。

第六，职业发展机会。高校为青年教师提供了多种职业发展机会，以帮助他们不断提高自己的学术水平和建立学术声誉，这些机会包括但不限于参与学术会议、出版学术论文、申请研究项目等。通过积极参与这些活动，青年教师能够建立自己的学术声誉，扩展自己的学术网络，增强自己的职业竞争力。

第七，社会支持。为了确保青年教师能够在高校工作和个人生活之间取得平衡，高校还提供社会支持，这种支持可以包括心理健康服务、工作时间灵活性、家庭支持及职业发展与生活平衡的培训。通过提供这些支持，高校努力减轻青年教师的工作压力，以确保他们在教育工作中能够健康、积极地发展。

二、高校青年教师职后教育培养的长效机制

当前，关于如何构建高校青年教师职后教育培训长效机制，已经引起了学术界较为广泛的重视，因此，构建新形势下推进高校青年教师职后教育培训的长效机制，对当前推进高校青年教师专业发展具有重要的作用与意义。

（一）高校青年教师职后教育培训工作的载体

目前，关于高校青年教师职后教育培训工作的研究，主要存在两种范式：一种是倾向于模仿自然科学，注重使用数学工具进行分析、依赖经验和可定量化的观察，其研究任务在于确定因果关系并提供解释；另一种范式则源自人文科学，注重整体和定性信息及说明的方法。然而，这两种研究范式都无法忽视"高校"这个关键背景，它在高校青年教师职后教育培训中扮演着重要的角色。高校是不同学科相互交融的关键平台，是师生思想文化交流的重要场所，同时也是高校青年教师职后教育培训工作的重要载体，对当前高校青年教师的专业发展至关重要。

第一，应强化校本培训，促进教师之间的交流。目前，高校青年教师对校内培训的满意度不高，主要原因在于，他们参与职后教育培训的积极性有限、培训活动形式重于内容、授课方式单一。而且，无论是否通过考核，每个人都会获得一个证书，导致一些青年教师将培训误解为减轻教学压力或实现个人职务晋升的手段。有的甚至认为职后培训是一项额外任务而不是福利或发展机会，导致许多高校青年教师对校本培训感到厌倦。因此，为了打破传统的个体发展方式，教师们通常以教研组或学科组的形式聚集在一起进行教学研究和科研。除了推广各地高校青年教师职后教育培训的先进经验，还需要加强新老教师之间的交流，通过老教师的指导来不断提高职后培训的计划性和实效性，以确保培训的实际应用。同时，应着力改进校本培训，提高其针对性和实用性，有助于高校青年教师的专业发展。

第二，鼓励高校青年教师追求高层次学历，深化人事制度改革，建立与高校青年教师职后教育培训工作相关的激励体制和机制。最近，高校已经启动了以人事分配制度为主要内容的内部管理体制改革，以引导高校青年教师队伍进行有序竞争。其中，"按需设岗、

公开招聘、平等竞争、择优聘用、严格考核、合同管理"等原则在很大程度上激发了高校青年教师的积极性和主动性。然而，在一些高校中，仍然存在岗位设置不合理的情况，岗位设置未能充分与学校学科发展及高校青年教师队伍建设相结合。同时，考核标准不完善、薪酬制度不合理、职后教育培训体系与教学科研实际不符等问题，导致高校青年教师的职务、学历、年龄结构及梯队建设等方面的不合理问题仍然存在，这严重限制了高校青年教师的积极性，甚至影响了高校青年教师专业发展的制度空间。因此，需要深化高校相关制度改革，向参加职后教育培训的高校青年教师提供更多支持，以实现通过职后教育培训工作来促进高校青年教师专业发展的重要目标。

第三，有效推进社会实践，塑造有利于高校青年教师职后教育培训工作与专业发展的专业文化。专业文化是专业共同体成员共同持有的、支配着他们的行为方式的信念、规范、价值观，是专业共同体在长期的互动中磨合而成的，体现着历史与传统的积淀，因此，原有文化的改造和新型文化的形成，并不是仅依靠一些外在于学校的时髦理念可以实现的，重要的是让这种理念内化成为学校主体所秉持的信念和价值观，成为支配日常教育教学行为的指针。高校青年教师作为脑力工作者，在理论基础方面有较为扎实的素养，但是缺乏相应的实践经验，应以社会实践活动为主要切入点，增强高校青年教师职后教育培训工作的鲜活性与现实性。同时，在高校内部，也要建立学习型社区，着力改变高校青年教师之间因为教学时间不同而造成的空间隔离，着力解决相互之间沟通交流机会较少的问题，并建立相应的交流载体，塑造有利于高校青年教师职后教育培训工作与专业发展的文化环境。

（二）高校青年教师须强化自我提高的意识

教师面临大量的日常工作，其中包括备课、课堂教学和班主任工作等，这些活动构成了教师非结构化知识的主要来源。然而，这些非结构化知识对于教师的工作帮助有限。有时候，教师由于工作繁忙，难以理解自己所积累的这些知识，甚至忽视它们。主要问题在于这些知识在教师头脑中杂乱无章，缺乏系统的梳理。

高校青年教师在日常工作中积累了大量的"非结构化"或"半结构化"知识。刚刚加入教师队伍的年轻教师通常缺乏坚实的专业知识基础，要将这些经验转化为理论，并实现宏观的理论把握，需要通过学习和借鉴国内外先进的教育思想和相关理论。职后教育培训是实现这一转变的关键步骤，因为它有助于将以往经验升华为理论，从而使教师不再仅仅是"教书匠"，而能够不断自我调整、扩宽视野，完善知识结构，成为专业的教育者。因此，高校需要将高校青年教师的职后教育培训与教育实践和日常工作有机结合起来，提高培训内容的针对性和可操作性，以促进他们的专业发展。目前，一些高校青年教师对职后教育培训不够重视，导致其专业发展缺乏方向。要实现专业发展，高校青年教师需要树立"终身教育"的理念，改变急功近利和投机取巧的态度，积极、系统、全面地弥补专业知识的不足。此外，借助"传帮带"的方式，老教师可以帮助年轻教师的专业成长，这已在国外得到广泛尝试和推广。

高校青年教师是知识分子的一部分，从事着教育和科研等脑力劳动。他们需要不断学习新知识、新理论和新技能。只有持续学习，并对专业发展有坚定的追求，才能在学习型社会中立足并取得进展。然而，由于高校青年教师进入门槛较低，加之职后教育培训缺乏规范，大多数青年教师不得不在自我摸索中前进，这影响了他们的专业发展。此外，需要重视"对话式教育"在高校青年教师职后教育培训和专业发展中的重要作用。在全球化和信息化时代，对话成为生活和学习的基本方式。教育交往理论受到越来越多的关注，对话逐渐取代了单向传授，成为高校师生互动的一部分。高校青年教师需要学会倾听学生的声音，而高校也应该倾听年轻教师的需求，这些问题应成为高校政策和制度设计的考虑因素。当前，高校青年教师在职后教育培训中遇到问题，但由于话语权不足，他们的声音往往无法传达给高校管理者。总之，高校青年教师的职后教育培训是一个涉及多方面因素的系统工程，需要政府、高校和教师共同努力，以实现高校青年教师的专业发展目标。

三、加强高校青年教师专业发展的职后教育策略

高等教育在今天的社会中扮演着关键的角色，为培养未来的领袖、推动创新和社会发展提供了基础。青年教师在高校中担任着重要的教育和研究任务，他们的专业发展对于高校的成功至关重要。为了确保他们在教学、科研和学术领域有更好的表现，采取一系列职后教育策略至关重要。以下探讨一些关键策略，以帮助青年教师不断提高专业水平，包括持续的导师制度、提供专业发展资源、评估和反馈机制、鼓励教育研究、资金支持、提供职业晋升途径、多元化的教学机会、提供心理健康支持、鼓励合作与交流，以及实施绩效奖励机制，这些策略有助于确保高校青年教师能够充分发挥自己的专业潜力，提高教育质量，为高校的发展和卓越贡献力量。

第一，持续的导师制度。持续的导师制度是确保青年教师专业发展的重要组成部分。为青年教师分配有经验和资深的导师，他们可以得到指导和支持，帮助他们制订职业发展计划，并分享教学和研究经验。导师可以帮助他们克服教学和研究中的困难，提高其教学和研究技能，这种系统的指导有助于建立青年教师的自信心和教育技能，使他们更好地适应高校环境。

第二，提供专业发展资源。为青年教师提供专业发展资源是另一个关键策略，可以帮助他们不断提高专业水平，这些资源包括培训课程、研讨会、研究机会等。通过参与这些活动，青年教师可以了解最新的教育趋势、研究方法和教学工具，以便更好地满足学生的需求。专业发展资源还有助于扩展他们的专业网络，与同行分享经验，从而提高其综合素质。

第三，评估和反馈机制。建立有效的评估和反馈机制对于青年教师了解自己的职业表现至关重要，这些机制应该定期进行，以帮助他们指出自己的优势和改进的领域。通过了解自己的强项和弱点，他们可以设定明确的职业目标和改进计划，这种自我反思和改进是专业成长的关键。

第四，鼓励教育研究。鼓励青年教师积极参与教育研究是提高他们的专业水平的一种途径。他们应该被鼓励发表研究成果、参与学术会议，从而增强其研究能力和学术声誉。高校可以设立奖励机制，鼓励他们积极从事研究工作，为高校的知识产出做出贡献。

第五，资金支持。为青年教师提供资金支持是帮助他们进行研究项目、学术出版及国际交流等的重要手段，这些支持可以包括研究经费、差旅经费和学术出版物费用。资金支持有助于扩展他们的学术经验、积累专业知识，以及建立国际联系，从而提高其专业水平。

第六，提供职业晋升途径。制定清晰的职业发展路径对于青年教师了解如何在高校体制内晋升至关重要，这些路径应该包括晋升标准、条件和时间表。通过明确的晋升途径，他们可以更好地规划自己的职业发展，努力实现晋升目标。

第七，多元化的教学机会。为青年教师提供多样化的教学机会是提高其教学技能和经验的一种途径，这包括参与本科、研究生和继续教育课程的教学。通过不同类型的教学机会，他们可以适应不同层次和类型的学生，提高自己的教育能力。

第八，提供心理健康支持。职后教育过程可能会带来压力和焦虑，因此提供心理健康支持是非常重要的。高校应该提供心理健康服务，包括心理辅导和支持机构，以确保青年教师的身心健康，这有助于提高他们的工作满意度和专业表现。

第九，鼓励合作与交流。鼓励青年教师积极参与学术社区，与同行合作、交流经验，可以扩展他们的专业视野。合作与交流有助于建立有益的合作关系，共同探讨问题，并从他人的经验中学习。高校可以组织学术研讨会、研究小组和学术交流活动，以促进这种合作与交流。

第十，实施绩效奖励机制。建立绩效奖励机制可以激励青年教师取得出色的教学和研究成果，这些奖励可以包括升职机会、奖学金、荣誉和奖章等。通过明确的奖励机制，他们会更有动力努力提高自己的绩效水平。

第二篇

高校青年教师专业能力的提升研究

第四章　高校青年教师的教育教学能力提升

第一节　高校青年教师的教育与教学能力

一、高校青年教师的教育能力

"教师的教育能力是指教师按照个体发展和社会需要，采用相应的方式方法，提高受教育者综合素质的能力。"[①] 教师的教育能力主要包括全面了解学生的能力、对学生进行思想政治教育的能力及对学生进行心理健康教育的能力。

（一）青年教师全面了解学生的能力

1. 把握学生共性

把握学生共性是青年教师从宏观上熟知当代大学生群体所呈现的共性特点，以便对学生个体进行教育时能具有针对性和可操作性。

（1）把握当代大学生综合素质较高、自我意识强的特点。当代大学生出生在我国经济高速发展的时期，生活在物质富裕充足、社会文化多元的环境。当代大学生在成长过程中，普遍接受过兴趣与特长培养，总体上综合素质较高。由于享有较好的物质条件和教育条件，当代大学生也更多呈现出坦率直接的性格特点，自我意识特别强烈。他们深受以人文主义和科学精神为表征的现代文明的洗礼，较少受到传统伦理观念的束缚，表现出鲜明的主体性特征。新时代大学生高扬的自我意识既得益于开放包容的社会"大环境"，又受益于"尊重学生主体地位"的教育"小环境"。受这种"大环境"与"小环境"的共同熏陶，当代大学生表现出强烈的自我意识，也带有打破常规的反叛精神，在校期间，有时会利用各种方式，甚至是不正确的方式方法展现自己强烈的自我意识。

---

① 谢红星，文鹏. 高等学校青年教师专业发展能力提升研究［M］. 武汉：武汉大学出版社，2022：60.

（2）把握当代大学生抗压能力较弱、心理成熟滞后的特点。当代大学生群体从小的生活模式多为父母为其规划好各方面的生活，让他们回避了磨难和挫折。进入大学后，离开父母羽翼的他们不具备应对挫折的能力，甚至很多父母依然监督孩子的生活，孩子遇到一点困难磨难时父母第一时间赶到学校为其解决，致使很多孩子在生活中遇到问题不会自己寻找方法解决，一旦遇到挫折很容易被击倒，从而引发众多心理问题。

（3）把握当代大学生对网络技术和工具依赖严重、缺乏自制力的特点。当代大学生告别了学习任务繁重的中学阶段后，在相对宽松自由的大学生活中，逐渐开始放松自我要求。加之新媒体时代，网络已融入大学生吃、穿、用、住、行，成为学生学习和生活不可缺少的工具，导致大学生对新媒体表现出习惯性依赖，自制力缺失，严重影响正常学习和作息，扎实用功学习的劲头减弱，有些甚至出现网络成瘾等不良行为。

2. 了解学生个性

了解学生个性是青年教师从微观上深入了解学生的个性特征、爱好特长、理想目标、道德行为等，以便因材施教、有的放矢。

（1）了解学生个体的心理需求和理想目标。学生个体的内心需求和理想目标因家庭背景、成长经历、教育环境、性格特点等原因而各不相同。到了大学阶段，学生最基础的世界观和价值观基本形成，但对自身的人生观和职业规划还处在探索和懵懂阶段。通过了解不同学生的心理需求和理想目标，教师会有针对性地满足他们的心理需求，引导他们树立适合个人发展的人生观和职业规划，激发学习热情，走向成才之路。

（2）了解学生个体的思想表现和品行修养。大学阶段，学生的思想表现和品行修养也已经基本成形，不同的学生层次差别很大，有的学生安分守己却不热心助人，有的学生耿直踏实却过于执拗刻板，有的学生擅长交际却漂浮散漫，有的学生勤奋努力却内心迷茫。青年教师要深入细致地观察了解，才能正确把握其思想脉络、行为倾向，进而给予有效的引导或纠正。

（二）青年教师对学生进行思想政治教育的能力

青年教师对大学生进行思想政治教育主要包括以下内容：

1. 强化理想信念教育

社会主义核心价值观是结合当今时代的发展要求，从中华优秀传统文化中提炼出来的精髓，有着特定的历史底色和精神脉络，是社会发展进步、建设中国特色社会主义现代化强国的精神指引。它不仅确立了国家价值目标，树立了社会价值导向，还从个人层面规定了公民的价值准则，是个人成长成才、实现人生价值的最好遵循。高校青年教师应当树立责任意识，悉心教育引导青年，按照新时代立德树人的教育根本方针，加强青年的核心素养培育和精神品质塑造。

2. 强化道德法规教育

（1）加强社会道德教育。青年大学生走出校门后步入社会，要践行正确的道德认知、自觉的道德养成、积极的道德实践，不断修身立德，打牢道德根基，注重公共规范和要求的学习，遵守社会共同的行为规范和习惯风俗，以此赢得社会大众的信任和认可。高校青年教师要按照"教书育人""立德树人"的根本要求，多方向、多层面、多角度加强青年大学生的社会道德教育，从做好小事情、管好小细节、取得小成绩开始，对大学生开展系统性的道德教育和能力培养，帮助青年大学生更好地融入社会生存环境，成为有道德、知礼数、讲文明、有修养的时代新人。

（2）加强法纪法规教育。在当今全面推进依法治国、建设法治国家的新形势下，普及青年大学生的法律知识，加强法纪法规教育意义重大。高校青年教师要帮助大学生树立法律意识、法制观念和法治思维，促使其掌握法律知识，懂得适时运用法律手段进行合情、合理、合法的个人诉求；通过社会实践和案例学习，养成守法习惯，提高法律修养，为大学生的成长成才打下稳固的人生基础。

3. 强化奉献协同教育

（1）培养奉献精神。在当今物质生活条件下，许多大学生的吃苦思想、奋斗精神、奉献意识逐步出现弱化和淡化。高校青年教师要有意识地培养大学生的奉献意识和奉献精神，要引导大学生正确看待苦和乐、得和失、荣和辱，让他们在奉献集体、服务他人过程中，深刻感受到心灵上的自我满足与快慰，从而在内心深处自觉萌生出奉献社会、为民服务的思想意识。

（2）树立协同意识。现今大学生个性突出，有的不愿受到集体约束，不喜欢参与集体活动，有的在集体活动中又极度追求个人表现，甚至为了凸显自己能力而不惜违反集体原则和组织纪律等，这些都是缺乏集体协同意识的表现。高校青年教师要鼓励学生主动融入集体组织，正确处理好"小我"与"大我"的关系，懂得"独木难成林"的人生道理，汇聚集体力量，获得更大成绩和更高荣誉。

（三）青年教师对学生进行心理健康教育的能力

1. 树立积极健康的心态

大学生正处在人生的起步阶段，在学习、生活、工作方面常常会遇到各种各样的困难和苦恼，感觉压力大，内心焦虑不安，情绪低落，甚至产生对生活的恐惧和绝望。高校青年教师在与学生的日常交流中，要及时了解情况，做好思想疏导，帮助他们树立起生活信心，消除其挫败感，教育他们学会用长远的眼光看问题，树立起正确的人生观、价值观、得失观、荣辱观、苦乐观，在为人处世中养成豁达大度、宽宏大量的胸怀，不可因一时一事纠结于心、耿耿于怀、郁郁不乐，要以乐观豁达的心态面对学习、生活、心理上的难关，激发他们热爱生活、积极进取、向往未来、追求梦想的精神勇气，使他们成为有意志、有毅力、有追求、爱上进的阳光青年。

2. 养成健全完善的人格

大学生正处于人格发展和完善的重要时期，经济发展和社会变化中纷繁复杂的价值观念对大学生人格的形成产生巨大冲击，大学生群体中焦虑、抑郁不安、情绪暴躁等情绪表现日益增多。高校青年教师要高度重视学生的教育，以人作为出发点和落脚点，引导学生养成独立健全的人格。鼓励学生用知识丰富自己的人生，培养自身对事物的独到见解，不盲从、不偏激、不人云亦云；鼓励学生与他人建立良好的社会关系，接受自我、接受他人、悦纳他人，为他人所悦纳；鼓励学生关注自己的人格状况，把握对自我的客观认知，积极主动地塑造自己，逐步使自己的人格走向健康、完善。

二、高校青年教师的教学能力

教学是以知识、技能、道德伦理规范等为媒介的师生相互作用的双边活动，教学能力是在这样的双边活动中对教师地位与作用起决定作用的重要因素，是影响教师教学效果最直接、最明显、最具效力的因素。高校青年教师教学能力是高校青年教师开展教学活动的能力及对教学问题进行系统研究所需要的教学学术研究的能力，主要包括以下五方面。

（一）教学设计的能力

教学设计是一个理论与实践相统一的过程，是在一定理论指导下的指向教学实践的行为。青年教师在进行教学设计时，需要对所教学科及其教学论、学习论、课程论等知识再一次学习、更新、表达与表现。它有助于提高青年教师的理论素养，促进青年教师的专业发展。教学目标设计、教学起点设计、教学内容设计、教学手段设计和教学结构设计构成了教学设计的全过程。

1. 教学设计能力要寻求专业知识与教学知识的融合

教师自身知识结构直接影响教学设计能力。教师知识体系中除了专业知识外，还须具备学科教学知识，以及其他有助于提升自身素养的知识。教师在进行教学设计活动中，既要知道"教什么"，又要知道"怎么教"。

（1）"教什么"是教师需要掌握所教学科及相关的内容。要讲好一门课，教师需要具备精深的专业知识，这是教师站稳讲台的基础，也是确保教学内容科学合理的前提。教学内容设计是教师认真分析教材、合理选择和组织教学内容、合理安排教学内容的表达和呈现的过程。

在教学内容设计的过程中，教师不仅需要深入了解教材的内容，还需要对所教学科的专业知识进行再次学习和研究。这包括对相关学科知识的学习与参考，以确保教学内容的准确性和全面性。教师可以通过参加本学科领域的学术会议，与同行交流，了解最新的研究进展和教学方法。此外，教师还可以撰写相关领域的学术论文，积极参与学术研究，从而不断加强专业知识的汲取与升华。通过这些努力，教师能够保持对本学科专业领域前沿问题的敏感性，确保教学内容与最新的研究成果和行业趋势保持一致。这不仅提高了教学的质量，还能够激发学生对知识的兴趣和热情，使他们更好地掌握所学内容。

（2）"怎么教"是教师需要掌握教育教学的方法。"怎么教"的设计涉及教学方法、手段、媒体等方面，需要具备丰富的学科教学知识及其他有助于提升自身素养的知识。包括如何设计引人入胜的课堂活动，如何运用多媒体教材来增强教学效果，以及如何借助各种教育工具和技术来提高学生的学习体验。

除了教学方法的熟练掌握，教师还需要扎实的学科教学知识。学科教学知识是吸引学生和启发思维的重要支撑。只有具备深厚的学科知识，教师才能够准确传授知识，解答学生的疑惑，以及激发学生对学科的兴趣和热情。因此，持续深化学科教学知识也是教师职业发展的重要方向之一。

为了不断提高教育教学水平，教师需要积极参加研讨会议、主持研究课题、撰写论文等活动。这些举措有助于教师融入现代教育理念，不断更新自己的教育观念和方法。通过与同行交流和分享经验，教师可以汲取新的教育思想，提高自己的教育水平。

此外，教学设计也是教师必须重视的方面。教学设计基于多方面的知识，包括学科专业知识、通识文化知识、教育理论知识及个人实践性知识。教师通过精心设计教学计划和课程，可以帮助学生扩展知识的广度、深化知识的质量，并优化知识结构。这种教学设计不仅关注知识的传递，还注重培养学生的综合能力和创新思维。

教师还需要将专业知识与教学法知识融合起来，以实现高效教学。这种综合性的知识结构完善是在实践中不断追求的目标。教师需要不断反思和改进自己的教育教学方法，以适应不断变化的教育环境和学生需求，从而更好地为学生的成长和发展提供支持。

2. 教学设计能力需要教师个性化的创新与反思

教学设计本身就是一种基于对学生发展状况的研究、对学科教学内容的研究、对教学措施的研究、对教学组织形式的研究、对教学评价的研究而对教学做出的规划、安排与决策。教学设计是一个创造性的过程、是一个反思的过程，也是一个个性化的过程。

在教学设计过程中，教师要根据课程内容和经验选择合适的教学方法、手段、策略，并进行教学时间的安排和教学结构的设计，是基于原有教学内容的创新。同时，教学设计还需要在以往教学设计的基础上不断反思，进而不断创新。经过持续不断的螺旋式教学设计的过程，教师的教学设计能力和教学质量将会达到新的高度。从这个意义上说，教师的教学能力是在教学设计过程中通过教学设计活动而不断提升的。

在教学设计过程中，教师根据自己的志趣、能力与个性，以及在教学实践过程中形成的知识、观念、价值体系与教学风格来设计创造并体现符合自己兴趣、能力与个性的独特的教学风格。教学设计的过程对于教师是一次次教学活动的自我预演和练习，教师要预设教学双方在一个特定的时间段，围绕哪些主题、开展哪些交流、探讨哪些问题、得到怎样的结果。经过这个充满教学智慧和教学策略的设计过程，教师形成积极的自我意识、自我体验及对学生学习状态的认识。因此，高校青年教师应该研究、交流、实施、总结自己教学设计的思路和风格，并不断坚持走研究-设计-交流-实施-反思-交流-改进等循环往复的连续性道路。这样的过程，是教师的教学能力不断提高和创新的过程，也是教师专业发展的畅通路径。

（二）教学实施的能力

1. 教师的语言表达能力

教师的语言表达能力是指教师把自己的思想、知识、信念和情感，通过语言和表情动作传递给学生的能力。语言是教师的教学工具，教师向学生传道、授业、解惑，师生间的信息传递和情感交流都以语言为桥梁。教师的语义表达要清楚，语音语调要抑扬顿挫，富有节奏感，语言应生动易懂，具有启发性，能引起学生的思考和兴趣。有的教师讲课娓娓动听，很有吸引力和感召力，而有的教师讲课用语干瘪，学生听着无趣。教师的语言表达能力直接影响着学生的学习情绪，影响着教师主导作用的发挥，影响着教育教学质量的高低。不同学科所要求的教学语言也有所不同。理工科课程的教学语言要科学准确、简洁明了，用词上更注重客观性和逻辑性；人文社科课程需要更多体现出教学内容所表现或诠释的思想感情，注重语言的感性意识。

（1）规范准确，富有示范性。教师向学生传授的知识，应具有严格的科学性。只有用准确规范的语言表述，才能保证知识传授的正确性。词不达意或模棱两可的语言，会干扰知识的传授，造成学生思想混乱，影响教学效果。因此，教师应抓住关键，突出重点难点，对每一个词句都斟酌推敲，做到言简意赅、干脆利落、意尽言止。此外，教师的教学语言是传输知识的工具，也是学生模仿、学习的样板，对学生有强烈的示范性。

（2）生动形象，富有趣味性。课堂教学语言的生动形象，是指既诙谐幽默、活泼有趣，又浅显易懂、深入浅出。教师语言的生动形象幽默能增加讲授内容的形象性和鲜明性，激起学生的再造想象和创造想象，有助于学生的记忆和理解，提高教学效果。

（3）点拨启发，富有激励性。启发学生积极思维，使学生产生心理上、情绪上的催化和激励作用，是教师语言能力的出发点。教师语言要有启发性，要留有余地，创设让学生充分发挥想象力的语言空间；教师语言还要有激励性，用热情洋溢的语言去肯定学生、激励学生，使他们参与教学、积极互动，并进行创造性的思考和探索。

2. 课堂教学掌控能力

课堂教学掌控能力是在课堂教学的过程中，教师根据自己的教学理念，运用各种教学方法和教学手段，将教学活动纳入预定的轨道和环节，维系正常的教学秩序，对教学对象实施教育，完成计划教学任务，实现教学目的的能力。课堂掌控能力的强弱，是决定课堂教学效果最关键的因素。

（1）教学方法灵活多变。教学方法是实现教学目标、完成教学任务的手段和途径。方法得当，可以取得良好的教学效果；方法不当，则影响教学目标的实现。教师要根据教学内容、自身教学风格及学生群体的特点，选择合适的教学方法，适应教学的需要，将调动学生学习积极性和充分发挥教师主导作用完美结合起来。教学方法的灵活运用要以充分考虑学生的需要、兴趣、知识体验及情绪状态为前提，以能否满足学生的需要、激发学生的兴趣、为学生所接受为条件。只有这样，才能充分调动学生的积极性，集中学生的注意力，从而有效控制课堂教学。

（2）教学节奏张弛有度。教学节奏是指教学过程中对教学内容进度把握的快慢、缓急和张弛。教师要根据课堂教学的实际情况，合理、均衡地分布重点与非重点、难点与非难点，维持教学活动有效进行，流畅地衔接教学活动，体现教学进程的层次性。

（3）教学反馈敏锐得体。教师在课堂上要注意观察学生的表情，悉心倾听学生的回答，认真查看学生的书面练习，并给予及时准确的判断和评价，使学生得到心理上的满足，从而转化为学习动力。同时，教师通过观察学生的反应，判断自己的教学方法和教学节奏是否合适，从而确定是否需要进一步启发和推动，或者是否需要及时调整教学方法。

学生不仅是教师教学活动的"鉴赏家"，更是参与者。因此，教师的积极反馈和谦虚平和的态度既能达到教学相长的目的，也能赢得学生的尊重，促进师生关系的和睦融洽。

（三）教学评价的能力

教学评价是以教学目标为依据，制定科学的标准，运用一切有效的技术手段，对教学活动的过程及结果进行测定、衡量，并给以价值判断。教学评价的目的是促进学生的学习效果和提升学生的学习能力。此外，评价是为了发挥激励作用，关注学生成长与进步的情况，并通过分析指导，提出改进计划来促进学生的发展。评价的功能不只是检查学生知识、技能的掌握情况，更是关注学生掌握知识、技能的过程与方法，以及与之相伴的情感态度与价值观的形成。通过教学评价，不仅关心学生的学业成绩，也要关注多方面的发展，如积极的学习态度、创新精神、分析与解决问题的能力及正确的人生观、价值观等，从考查学生学到了哪些内容，到对学生是否学会学习、学会生存、学会合作、学会做人等方面进行考察和综合评价。

1. 形成性评价

形成性评价是指通过观察、活动记录、学生评价表、测验、问卷调查、咨询等形式对学生学习进行的持续评价。它是伴随学习过程进行的，目的是向师生提供学习状态和进程反馈信息，从而有助于他们调节教与学的活动。形成性评价关注学习过程，通过改进学习过程来提高学习效果，既是一种评价手段，也是一种学习方法。课堂教学一般采用以教为主的形成性评价和以学为主的形成性评价。

（1）以教为主的形成性评价。以教为主的形成性评价采用测试、调查和观察的方式收集反映课堂教学效果的信息，教师根据信息反映出的教学情况做出及时反馈和调整。测验适用于收集认知类目标的学习成绩，调查适用于收集情感类目标的学习成绩，观察适用于收集技能类目标的学习成绩。其中，测验是最重要、最常用的教学评价手段。

（2）以学为主的形成性评价。以学为主的形成性评价的实施依靠学生的自主探索、自主发现，一般采用小组对个人的评价和学生个人的自我评价两种方式。评价实施过程中，让学生尽量保持轻松愉快，从而客观地反映出每个学生学习的实际效果。根据小组评价和自我评价的结果，可以为学生设计出一套可供选择并有一定针对性的指导意见和学习清单，帮助学生进一步理解和掌握课堂教学的内容。

2. 总结性评价

总结性评价是在一个阶段的教学完成后评定这一阶段的学习结果，目的在于评定教学目标的达到程度，检查教学工作的优劣，考核学生的最终成绩，把握教学活动的最终效果，给出教学与学习的最终评价结论。总结性评价又称为事后评价，关注的是教与学的结果，对教学实施的有效性做出评定。学期末或学年末进行的各科考试、考核都属于总结性评价，目的是检验学生的学业是否最终达到了各科教学目标的要求。考试有笔试、口试、课程论文、现场实操等多种方式。评价结束阶段，教师须将评价过程和结论进行全面的总结，提出建议，并将结论反馈给学校教学管理部门和学生。

（四）教学反思能力

结合教师专业发展的要求，教师需要同时扮演两种角色：一是作为教学实践者在课堂上实施教学活动，二是作为教学研究者对自己的教学实践进行反思。教学反思的过程实际上是教师把自己作为研究对象，研究自己的教学观念和实践，反思自己的教学行为、教学观念及教学效果。教学反思是教学能力提升的基础，是教师进行教育教学研究最直接、最有效的切入点，可以克服教师在教学中的思维惯性，不断更新教学观念，改善教学行为，提升教学水平，提高教学质量。高校青年教师应养成自觉进行教学反思的良好习惯，在教学实践的过程中不断体会、追问和总结，才能逐步摸索教学规律，提升教学能力。

教学与反思相结合、教学与研究相结合，让教师成为教学和教学研究的主人。教学反思以探究和解决教学问题为基本点，从教学设计、实施、技术及伦理等层面，思考教师实施过程中教学主体、教学目的、教学设计、教学工具等方面存在的问题，思考解决问题的方法并在解决问题的过程中使教学过程更优化，取得更好的教学效果。教学反思的过程是教师对自己教学行为的思考与研究，对自己在教学中存在的问题不断进行回顾，运用教学标准中的要求不断自我检验，追求教学全过程的合理性。

1. 拓展教学反思内容

教学反思的覆盖内容很广，教学过程中每个环节和细节都可以进行教学反思。针对高校青年教师，最为重要的是对教学思想和教学实践的评价、反馈与调节，通过教学反思来总结教学过程的成果，寻找教学过程的不足，从而实现教学水平的提升。为拓展教学反思的内容，主要有三种教学反思的方式。

（1）教学反思日志。教学反思日志是高校青年教师进行个人教学反思最简单实用的方式。教师将自己的教学手段和教学方法进行梳理，观察学生在教学过程中的各种反应，对自己的教学水平做出最直接的评判。教学反思日志经过积累和沉淀，可转化成具有学术意义的教学研究资料和论文。

（2）教学观摩。高校应该给青年教师提供更多教学观摩的机会。教学观摩可以为教师提供一个良好的反思环境，促进青年教师在教学经验丰富的骨干教师的课堂上吸收经验、汲取营养，学习教学方法和手段，并进行观摩后的反思和分享，为提高自身教学水平提供实践参考。

（3）教学研讨。教学研讨的实质是将个体教师的自我教学反思升级为教师群体的集体教学反思。通过开展教学研讨活动，在同行交流、辩论、研讨的过程中积累、深化和创新教学知识，充分发挥教研室、教学团队的群体优势，将具有代表性的个体反思活动延伸为具有普遍性的集体反思实践，将其明确化、规范化、制度化，将其转化为教师专业成长的一种重要方式。

2. 教学反思要保证连续性

对于高校青年教师而言，他们从事教育教学工作时间还较短，正处于专业发展的探索阶段，对教学工作的理解和思考尚未达到成熟水平，此时的教学反思可以分析出自己的教学工作存在哪些不足，以审视的眼光观察自己的教育理念和教学方法，对待教学和学生的态度、言行和情感能否达到高等学校人才培养的基本要求，从而有针对性地补充和丰富自身理论知识，并在实践中不断检验和完善自己的教学能力，提高教学水平。教学反思是一个持续的学习过程，不可浅尝辄止，需要日积月累、持之以恒。青年教师只有持续不断地实践、反思，根据学生的专业、年级及课程内容的差异，采取不同的教学方式，才能促使教学能力的不断提升。

（五）教学研究能力

教学研究是以提高教学水平、发展教学能力为目的，是解决教学中的问题、揭示教学规律、为提高教学质量提供理论依据和实践指导的活动。与传统的教育理论研究不同，教学研究以教师自己的教学实践为基础，采集来自教学实践的数据，对教学活动进行研究。在教学研究中，教师既是研究者，也是被研究对象，研究的内容就是自己的课堂教学工作。

高校青年教师的教学研究能力首先表现为对亲历的教学实践活动及发生的教学现象的探究分析，检视教学工作中须改进的地方，形成系统的理性思维；高校青年教师的教学研究能力进一步发展则是对新的教育教学问题、思想、方法等多方面的探索和创造能力，运用多方面的知识和技能，形成解决新问题的能力；高校青年教师的教学研究能力的终极目标是结合自己的学科和专业特点，通过教学研究，寻找和拓展更适合课程内容的教学方法和思路，实现更好的教学效果，达到自身专业发展水平的进一步提升。

1. 教学研究方向要寻找发现有价值的研究主题

（1）摒除误区。受当前高校职称和人才评价指标的导向，高校青年教师在思想观念上对教学研究存在一些误区。一是对教学研究重要性的认识不够。一些高校青年教师从思想上偏重科学研究、轻视教学研究，片面地认为课堂教学已经足够，教学研究可有可无。二是对教学研究存在畏难情绪，认为自身知识和经验储备不足，对教学研究的逻辑和特点缺少深刻的学习和理解。

（2）发现问题。高校青年教师在教学中会产生困惑和问题，迫使其想方设法去解决、研究，于是就有了选题的雏形。在选题、方案设计、研究实施、结果表达及实践应用等研究过程中，教师要主动培养"问题意识"，积极捕捉教学中的问题，将现实中发现的问题向研究问题转化，努力拓展自己的研究思路，思考如何运用理论知识去解决实际教学问题，从而在教学研究中实现教学能力的提升。

（3）找准方向。目前，高校青年教师在教学研究中比较突出的问题是，不知如何找准高质量的研究主题，设计合理的教学研究项目，用合适的数据收集和分析方法得出信度与效度兼备的研究发现，进行有价值的研究讨论与结论，并将研究成果在教学及更大范围内进行有意义的推广。针对于此的有效措施是增加高校青年教师对教学研究的理解、对自我及他人教学的观察、对教学实践的反思，合理设计数据收集与分析的方法，科学选择研究方法，结合教育教学的基础理论，寻找具有研究意义和推广价值的教学研究主题。

2. 教学研究要将"教"与"学"纳入研究范围

（1）立足课堂，寓研于教。高校青年教师以实践中遇到的教学问题为中心，将教学过程作为教学研究的内容，将教学研究贯穿教学设计、教学实施、教学评价与反思等教学过程的各个环节，寓研于教、以研促教。教学实施的过程是教师基于研究设计开展研究的过程，也是信息收集的过程。在教学实施过程中，教师需要及时观察和反思：观察自己的教学方法、教学思路并进行自我监控，观察自己使用的教学方法和策略是否达到了预期的效果，观察学生的学习状态、思维方式、现场反馈，摸清学生对学习策略的选择及学习效果的变化。

（2）总结经验，以研促教。将教学中发现的问题现象及思路策略详细记录，形成改进教学行为的方案，应用于以后的教学实践，并在应用验证的过程中再记录新发现，形成新思路，如此循环往复、不断积累，归纳总结上升到理论高度，以科研报告、学术论文或理论著作等方式呈现出来，在一定范围内交流和推广，营造教学相长、以研促教的学术氛围。

3. 构建教学研究的共同体

充分发挥教研室、教学团队、院系所及校级教师教学发展中心等教学研究群体机构的优势和力量，以开放的心态，与教师同行和学生开展互动研究，实现学科的融合，激发研究创新的思维，为高校青年教师教学研究创造积极活跃的研究氛围，鼓励越来越多的高校青年教师参与到教学研究中来，让越来越多的高校青年教师掌握教学研究的思路和方法，掌握可持续发展的教学研究工具，将各类教学研究的奖励和经费真正投入提高教学质量和提升教学研究能力中，用高质量的教学研究提高教学水平。

第二节　高校青年教师信息化教学能力及其提升

一、高校青年教师信息化的教学能力分析

（一）信息化教学资源及开发与运用能力

1. 信息化教学资源的认知

信息化教学资源是指经过数字化处理，可以在信息设备上或网络环境下运行的、可以实现共享的多媒体学习材料。随着以大数据技术、人工智能及多媒体技术为核心的信息技术在教育领域的普及应用，信息化教学资源已经成为当今教育资源的一种重要形式。根据《教育部教育资源建设技术规范》，信息化教学资源主要包括九类：媒体素材（包括文本、图形与图像、音频、视频和动画）、试题库、试卷、课件与网络课件、案例、文献资料、常见问题解答、资料目录索引和网络课程。另外，还可根据实际需要，增加其他类型的资源，如电子图书、工具软件和影片等，这些信息化教学资源可概括成三大类型：一是素材类教学资源，即前面所说的教学素材；二是集成型教学资源，即根据特定的教学目的和应用目的，将多媒体素材和资源进行有效组织形成的复合型资源，常见的形式有试卷、试题库、文献资料、课件与网络课件、专题学习网站、教学软件等；三是网络课程，网络课程作为当前信息化教学资源中最受关注的形式，对教育信息化的发展产生了巨大影响。网络课程是通过网络表现的某门学科的教学内容及实施的教学活动的总和，是信息技术时代课程新的表现形式。它包括两个组成部分：按一定的教学目标、教学策略组织起来的教学内容和网络教学支撑环境。其中，网络教学支撑环境特指支持网络教学的软件工具、教学资

源及在网络教学平台上实施的教学活动。网络课程具有交互性、共享性、开放性、协作性和自主性等基本特征，慕课（MOOC）、微课、SPOC、"雨课堂"是几种不同形态的代表。

MOOC即大规模开放在线课程，是"互联网+教育"的产物，实现了互联网教育与传统教学模式的"有机"结合。它具有massive（大规模）、open（开放）、online（在线）、高质量等特点。学生通过MOOC平台在海量学习资料里选择适合自己的课程，不受时间、地点、学位、学科及培训费用的限制，实现了从传统课堂学习模式到多元学习途径的转变。

微课是指运用信息技术按照认知规律，呈现碎片化学习内容、过程及扩展素材的结构化数字资源。微课的核心组成内容是课堂教学视频，同时还包含与该教学主题相关的教学设计、素材课件、教学反思、练习测试及学生反馈、教师点评等辅助性教学资源。它们以一定的组织关系和呈现方式共同"营造"了一个半结构化、主题式的资源单元应用"小环境"。因此，微课既有别于传统单一资源类型的教学课例、教学课件、教学设计、教学反思等教学资源，又是在其基础上继承和发展起来的一种新型教学资源。

SPOC，英文全称为Small Private Online Course，是小规模限制性在线课程，small和private是它的特点。SPOC一般是由本校教师录制的更符合学生认知特点的视频，它与学生的贴合度更高，并且可以在MOOC教学资源基础上进行重组、改造、完善，兼顾慕课的优点又能弥补慕课与本校教学相异的地方。但是SPOC往往缺乏有效的管理机制，并且组织无序。

雨课堂是由学堂在线与清华大学在线教育办公室共同研发，旨在连接师生的智能终端，将课前-课上-课后的每一个环节都赋予全新的体验，最大限度地释放教与学的能量，推动教学改革。雨课堂将复杂的信息技术手段融入手机终端，在课外预习与课堂教学间建立沟通桥梁，让课堂互动永不下线。使用雨课堂，教师可以将带有MOOC视频、习题、语音的课前预习课件推送到学生手机，师生沟通及时反馈；课堂上实时答题、弹幕互动，为传统课堂教学师生互动提供了完美解决方案。雨课堂科学地覆盖了课前-课上-课后的每一个教学环节，为师生提供完整立体的数据支持，个性化报表、自动任务提醒，让教与学更明了。

2. 信息化教学资源的开发与运用原则

（1）信息化教学资源的开发原则。

第一，教学性原则。信息化教学资源的开发要符合教育教学的规律，符合学生的认知水平，体现学生的认知特点，满足教与学的需要，符合教学大纲的基本要求。因此，信息化教学资源在内容上要脉络清晰、简明扼要，用合适的媒体元素恰当表现教与学的内容。

第二，科学性原则。信息化教学资源既要生动、活泼、有趣，又不能违背科学的基本原则。因此，信息化教学资源中的各种操作必须规范、准确，选用的材料、例证和逻辑推理必须是科学、符合客观规律的；所表现的图像、声音、色彩都要符合科学的要求，不能为片面追求色彩的艳丽、声音的悦耳、画面的生动而破坏其内容的真实性。

第三，艺术性原则。信息化教学资源的内容力求反映自然和社会生活中真善美的事物，画面构图要清晰、连贯、流畅，音乐与声音要悦耳愉悦，光线与色彩要敏感适度，使学习者感到舒适。

第四，开放性原则。信息化教学资源的开放性主要体现在开发人员的开放性、资源内容的开放性和结构体系的开放性等方面。开发人员的开放性是指教学资源开发人员可以是高校教师、教育专家、学科专家，也可以是学习者、爱好者等各类有兴趣且愿意贡献智慧的人。资源内容的开放性是指不局限于学校学科教育，要放眼广泛的社会受众，适应泛在学习的需要。结构体系的开放性是指建设的教学资源要能够及时更新和补充，具有交互性，实现开放性共享和推广。

（2）信息化教学资源的运用原则。

第一，信息化教学资源能为学生带来全新的课程体验。信息技术有利于充分挖掘课堂教学资源，丰富教学内容，拓展学生知识面，构建更加全面的知识体系，提升学习效率和质量。要充分利用网络教学平台，为学生提供丰富的信息化教学资源，为信息化课堂教学提供资源保障；也可以利用各种社交媒体平台如微信朋友圈、QQ 空间、微博、抖音小视频等推送碎片化的知识内容，支持学生的非正式学习。

第二，信息化教学资源需要筛选甄别。网络教学资源丰富是优势，但正因为资源丰富，质量也良莠不齐。对于学生而言，常常没有足够的能力去筛选出适合自己的网络教学资源，因此，高校青年教师有责任花费更多的时间和精力，结合学科和课程的要求，对网络教学资源进行筛选和甄别，去芜存菁、汰劣留良，为学生推荐最科学、最合适的信息化教学资源。

第三，使用信息化教学资源要有明确的目的。高校青年教师在进行教学设计时，要根据不同资源的特点和教学目标，明确信息化教学资源在教学中的定位和作用。例如，是调动学生的学习兴趣还是解决重点、突破难点，是创设情境还是提供事实材料，是起示范作用还是作为学生探究对象，等等，都要明确地了解。运用信息化教学资源辅助课堂讲授，引起学生的兴趣和注意力，突破教学重难点，起到提高教学质量和增进教学效率的作用。

第四，正确把握使用信息化教学资源的时机和"度"。高校青年教师一方面要充分利用信息化教学资源的特点，创新教学方式，创设以学生为中心的学习情境，采用发现式和探究式的学习方法，鼓励学生自主学习；另一方面也要清楚地认识到，信息化教学资源相比于传统教学资源，固然有其先进性和优越性，但对于某些教学环节和教学要求，传统教学资源却有无法取代的优势。例如，一些实验课程和实践课程及专业性较强的课程目前还无法被慕课所取代。传统课程教学中教师与学生一对一交流，与学生当面互动的交流优势也无法被取代。因此，高校青年教师在发展信息化教学资源的同时，还应当充分发挥传统教学资源的优势，将信息化资源与传统教学资源有机结合起来，达到更好的教学效果。

（二）信息化教学的创新能力

信息化教学的创新能力首先是教学理念的转变，树立信息化教学理念是教学创新的基础。传统教学方式中，教师是教学的中心，教师是"知识的传授者"。然而，信息化教学环境下，学生可以通过网络资源随时随地获取广泛的知识和内容，课堂教学的重心从知识传授转向了知识加工和能力培养，教师在教学活动中的作用也产生了巨大的变化。高校青年教师要做好角色转变，树立"以学生为中心"的教学思想，从"知识传授者"转变为"学生学习的合作者和引导者""教学活动设计者和推动者"。高校青年教师在教学过程中，根据学生基础、学科特点、教学内容和教学条件等方面的基本情况，充分认识信息技术对教育教学的创新作用，积极实施参与式、启发式、合作式等先进教学模式，利用好翻转课堂、微信签到、线上互动、伙伴教学等全新的课堂教学活动和形式，激发学生自主学习的意识，促进学生主动参与学习过程，提升学生自主学习能力。

信息化教学创新能力还表现在大胆运用新型教学模式的能力。翻转课堂和虚拟课堂作为信息技术催生的教学模式，给传统课堂教学结构与教学流程带来了彻底的颠覆。由于其对教师的信息素养和学生的自主学习能力有较高要求，同时契合了高校教师和学生的典型特征，因此成为高等教育信息化发展中最具可持续发展趋势的教学模式。翻转课堂中，学生提前预习视频是基础，教学环节是关键。但是课堂如何反转需要教师精心设计，各个反转环节需要教师利用丰富的教学经验和宽广的学科知识来把控，要求教师具备较高的专业素养和教学技能。虚拟课堂中，全过程呈现线下课堂的教学内容和师生互动。然而由于缺少现场气氛的感染力和凝聚力，对教师的教学设计和课堂掌控能力提出了更高的要求。

1．"MOOC+SPOC"翻转课堂教学模式

"MOOC+SPOC"翻转课堂教学模式适用于小班授课。这种教学模式不是简单的课后看视频，课上教师再讲，而是一个教学系统。其中MOOC、SPOC是前提，是学生课后预习、复习的依据，是翻转课堂的基础；翻转课堂是上课形式。另外，还可以通过微信平台，作为翻转课堂有益的补充，进行课后碎片化学习。

课前，教师认真研究教学目标、教材内容和学生学情，制订适合翻转课堂的教学方案并筛选 MOOC 视频。网上 MOOC 资源丰富，不同的教学名师、不同的教材，同一门课程多角度、多方位的讲解，需要精心甄别挑选优质的适合学生的慕课视频，提供给学生课后学习。根据学生的学习需求，整合各种线上和实体资源，制作更加符合本校学生认知特点的 SPOC 视频，有效补充 MOOC 中与课程目标存在差异的内容。翻转课堂授课阶段，教师要从教学目标入手，设计好课中教学的各环节，把控好各环节的时间，分环节进行教学。第一，教师首先对本节课的内容进行简单的串讲，进行重难点的解析；第二，针对课前学习任务，组内进行讨论，给出答案；第三，对于课前预习产生的问题，进行全班大讨论，进一步加深知识的理解与吸收；第四，教师针对重点难点设疑提问，这个阶段是学生思考成果的碰撞，是知识吸收内化的过程，是师生思维、情感、经验的融合。课后巩固阶段是一个很重要的阶段，却常常被忽视。知识最终的梳理成形、内化吸收是在这个阶段完成的。教师要布置一些深层次的思考探究作业，可以引发学生深度学习的作业，以提高学生的综合素质和核心竞争力。

引导学生了解"MOOC+SPOC"的翻转课堂教学模式，根据教师布置的学前任务完成 MOOC 或 SPOC 视频的学习并且完成相应线上测试，记录课前学习中产生的问题，带着问题进课堂，向教师和同学寻求有针对性的解决方案。

2. 雨课堂翻转课堂与传统教学结合模式

雨课堂学习是传统教学模式的有益补充。教师通过资源整合，在雨课堂上传慕课视频和网络视频；还可以上传 PPT，并为 PPT 配音讲解。课堂中，充分利用雨课堂进行连续立体互动，利用不懂按键、弹幕提高学生的学习注意力和参与度，利用课堂投稿功能将学生在学习中出现的共性问题或好的思路投影到屏幕。学生参与讲解，教师要注意课程节奏的把控。每节课结束，雨课堂会自动生成学习报告，教师借此掌握学情和教学数据，在此基础上思考总结改进课程设计，书写心得笔记，不断提高课堂教学效果。课后追踪反思环节是教师对课程设计进行反思总结的重要环节，是教师提高教学能力的重要途径。引导学生对教师课前推送的 PPT 或视频等资料提前学习查看，课堂上紧跟教师思路，通过不懂按钮或弹幕等方式及时标注、及时反馈学习难点，利用课后雨课堂学习报告，记录学习情况。

3. 虚拟课堂在线教学模式

虚拟课堂是基于云计算技术的一种高效、便捷、实时互动的远程教学课堂形式。教师和学生只需要通过互联网界面，进行简单易用的操作，便可快速高效地与全球各地同步分享语音、视频及数据文件，而课堂中数据的传输、处理等复杂技术由虚拟课堂服务商提供支持。虚拟课堂中，教师就像在线下课堂一样，在教育平台上分享课件并进行实时板书，通过语音授课讲解，通过摄像头观察学生的课堂反馈，还可以指定某个学生线上回答问题或开放全体线上讨论时间。虚拟课堂为教师和学生提供了一个全过程的课堂教学环境，所有线下课堂中教学环节都可以在虚拟课堂中实现，课后还可以生成教学和学情统计报告，供教师了解课堂情况，反思分析。

（三）信息技术与教学深度融合的能力

信息技术与教学深度融合的本质是改变以教师为中心的教学结构，创建既发挥教师主导作用，又充分体现学生主体地位的新型教学结构。因此，教师要清楚信息技术的优势和不足，了解学科教学的需求，结合课程特点，找准信息技术融入的切入点，营造和创设有利于学生自主、探究学习的新型教学环境。此时，教师和学生不再外在于课程，而是成为课程的有机组成部分，积极互动、共同发展。学生是信息加工的主体和知识的主动建构者，教学不只是机械地传递和接受课程的过程，更是课程创新和开发的过程。因此，在信息技术与教学深度融合的过程中，应该注意以下几方面：

第一，科学运用教育学理论，指导教学深度融合。在教育教学实践活动中，没有哪一种理论具有绝对的普适性，无论哪一个理论都不能替代其他理论成为唯一的指导理论。因此，在融合过程中，应根据教学对象、教学内容、信息技术的特点及教学融合的实际需要，兼顾各种理论的合理成分，正确选择和灵活运用教育理论并指导教学实践。

第二，根据学科特点、教学内容及教学对象，选择科学的融合策略。每个学科有其固定的知识结构和学科特点，不同的教学内容和教学对象也对教学模式有不同的要求，因此对于不同的学科、课程和学生，既有相同的教学融合原则，又有不同的融合策略，应综合考虑各方面因素，选择科学合理的融合策略。

第三，教师主导，学生主体，教学并重。现代信息技术与学科教学深度融合要求高校青年教师充分合理地运用现代信息技术，把信息技术作为教学系统的要素之一，自然地融入教学，使信息技术应用成为教学的一种常态，创设利于知识迁移和学生学习的学习环境，开展基于信息技术的学习活动，设计"教师主导学生主体"的教学结构，促进学生对知识的理解与学习，最大限度地提高教育教学质量。

第四，信息技术与教学深度融合是一个长期的过程。信息技术与教学深度融合是一个反复尝试、持续推进、贯穿始终的终身实践过程。高校青年教师要将信息化教学内化为一种专业素养，在教学过程中加强对学生的指导，加强对自身的反思，加深对教学知识体系的理解，将信息化教学进行智能转化，按照"实践—反思—再实践"的路径提高信息化教学的实施能力，并最终生成实践化理论。

第五，信息技术与教学的融合要延伸到课堂之外。信息技术对教学的影响不仅表现在课堂以内，也延伸到课堂之外。课堂之外的师生交流是支持学生学习的重要组成部分，信息技术为师生交流提供了更加多样的途径和渠道。网络教学平台的答疑室，即时通信软件如腾讯 QQ、微信，电子邮件（E-mail）、远程会议协助等，能实现随时随地、无所不在的及时交流与沟通，最大限度地为学生提供学习支持和指导，提高学生学习效率和学习效果。信息技术让教学评价的方式更加科学、公平、多样。例如，通过网络教学平台的签到、点名等功能了解学生考勤情况，借助可穿戴设备实时了解学生的专注力、情绪和课堂反馈情况，利用电子档案记录学生的作业、发言、交流等情况，利用网络教学平台的在线测验功能实现不同阶段的总结性评价。

二、高校青年教师信息化教学能力的提升

随着"互联网+"时代的到来，传统的课堂教育模式已经难以满足学生的学习需求，全面提高教师信息技术应用能力和水平是高校深化课堂教育改革的关键，这就要求高校教师不仅要具备学科专业知识，也要拥有一定的现代化信息教学的能力。提升高校青年教师信息化教学能力，促进信息技术与教育教学的深度融合成为高校深化教育信息化建设的迫切需要。

第一，优化整合信息化教学资源，营造信息化教育教学环境。在教育信息化时代，地方各级教育行政部门和各高校要加强教育信息化资源统筹协调，不断加大教育信息化建设的财政投入力度，以需求为导向，通过"引进国家资源、整合学校资源、调动社会资源"共建共享的原则，引入企业和专业服务机构的力量。通过适当的政策激励，引导企业、学校、教师等多方参与信息化教学资源建设与服务，包括多渠道开发和建设网络课程、在线开放教学平台等多种教学资源，逐步完善学校信息化教学资源库和教学资源平台，实现青年教师开展信息化教学积极性的提升。

第二，加强高校教师教学发展中心专业化建设，完善教师信息化教学能力培养体系。首先，各高校要结合校情清晰准确地定位高校教师发展中心工作职责，根据教师的专业发展需要，制订青年教师信息化教学与管理能力的专项培养计划，针对不同发展阶段的青年教师，采用"请进来"的培养方式，邀请教育信息技术专家或信息化教学名师来校举办信息化教学理念、教学信息化技术等培训活动。其次，通过"送出去"的方式分批选派青年教师到信息化教学改革实施较好的省市、高校参加信息化教学改革实践观摩研讨等活动。与此同时，"教师教学发展中心还应将通过有针对性地开展校本培训，搭建教师之间相互

交流平台，形成教师学习共同体，促进教师之间的互相交流与学习"①。

第三，构建合理的教师信息化教学技术应用能力的评价准则体系机制。高校应采取多种方法和手段鼓励和引导青年教师更新教学观念，运用信息化技术提高课堂教学效率。要建立健全各级各类教师信息化教学技术的评价指标体系，探索构建"教学为主、研教结合"的教学评价体系。在人才选拔、职称评聘和年度考核奖励等方面给予适当的政策倾斜。倡导将青年教师教育信息化应用能力列入二级学院年度绩效考核，切实推进教师积极主动地将应用信息技术融入课堂教学中。

第四，高校青年教师应更新教育理念，增强自身信息化教学改革的认同感和紧迫感。教育信息化是高等教育发展的必然趋势。作为高校教育改革中坚力量的青年教师，要转变旧教育观念，紧跟信息化社会飞速发展的步伐，主动适应新的信息化教育教学生态环境，积极参加学校组织的各级各类教育信息化应用技能培训和研讨，加强与信息化教学经验丰富教师的学术交流，不断完善自身信息化知识体系，促进专业化发展。

第三节　信息化背景下的高校青年教师教学能力提升方式与途径

青年教师作为高校未来发展的关键人才，其教学能力关系着高校能否实现长远发展，对于青年教师而言，他们一方面处在职业发展最初阶段，需要对教育岗位予以适应；另一方面面临着网络给传统高校教学带来的冲击，使得教学能力培养受到限制。在此背景下，"必须重视青年教师，对其教学能力培养予以关注，从而改进青年教师教学效果"②。以下探讨信息化背景下的高校青年教师教学能力提升方式与途径。

第一，建立专门机构。在信息化时代，高校教育面临许多新的挑战和机遇。为了适应这一变革，高校需要转变其教学模式，采用信息化教学方法。这一转变可以借鉴国外高校已经建立起来的成熟的教师发展体系，以便更好地支持青年教师的专业成长。

高校建立专门机构，旨在帮助青年教师实现专业发展。这些机构应该强调服务意识，内在引导教师的教学行为。通过提供订制化的教育和培训计划，这些机构可以帮助青年教师不断提高自己的教育水平，适应信息化教学的需求。同时，他们也可以为青年教师提供

---

① 宋美喆.高校青年教师信息化教学能力的评价体系与提升对策研究［J］.中国管理信息化，2020，23（11）：233.

② 孙李红，范洪霞，曲玉玲，等.信息化背景下高校青年教师教学能力提升方式与途径研究［J］.作家天地，2021（9）：134.

咨询和支持，以帮助他们应对教学中的各种挑战。

为了满足青年教师的个性化需求，高校可以提供个性化的教学服务。这包括邀请教学专家提供支持，解决教学困惑，以及实施跟踪式帮扶来改进教学效果。通过这些个性化的服务，青年教师可以更好地发展自己的教育技能，提高教学质量。另外，高校可以积极整合教学资源，通过教学交流和研究活动来增强教师的教学能力。组织校内和校外的教学活动，促进教师之间的交流与合作，有助于提高青年教师的总体能力。这种互动和合作可以为教师提供更多的学习机会和启发，有助于他们更好地适应信息化教学的要求。

高校建立全面的培训机制，特别强调青年教师的教学训练。这个培训机制可以结合传统培训和网络培训，让教师能够随时随地进行学习，提高他们的教学技能，以提高教学效果。通过定期的培训和持续的学习，青年教师可以不断提升自己的教育水平，为学生提供更好的教育体验。

第二，搭建教师发展平台。青年教师教学能力提升是教育领域的重要任务之一。在这个信息时代，信息技术成为一个不可或缺的工具，可以有效地帮助青年教师提高他们的教育水平。为了实现这一目标，教育部门需要建立一个全面的教师发展平台。这个平台将为青年教师提供支持和资源，以便他们不断提升自己的教育技能和知识。

教师发展平台的核心组成部分之一是培训管理模块。这个模块将允许教育部门有效地管理教师的学习流程，并组织各种培训活动。通过这个模块，教育机构可以追踪教师的学术需求，并为他们提供相关的培训课程。这将有助于确保教师能够获得所需的知识和技能，以便更好地履行他们的教育职责。另一个组成部分是教师档案模块。这个模块将用于记录和分析教师的教学和科研能力。教育部门可以使用这些数据来评估教师的表现，并为他们提供有针对性的培训支持。这种个性化的培训将有助于教师更好地应对自己的弱点，并提高他们的教学质量。

此外，为了更好地利用信息技术，教育部门可以开发一款教师发展 app。这个 app 可以作为互动工具，提供教育资源、教学策略和教育技巧。它还可以提供直播讲堂，让教师们与专家进行互动，分享经验和知识。这将为青年教师提供一个互动和学习的平台，有助于提高他们的教育水平。

第三，加强科教融合。在信息时代的今天，高校教师面临着前所未有的挑战和机遇。知识的更新速度迅猛，这要求教师具备前沿性和高效渗透能力，以及学术视角来审视教学活动。这一挑战不仅要求教师不断更新自己的知识储备，还需要他们能够将最新的知识和研究成果传授给学生，使他们能够跟上时代的步伐。

科教融合在高校教育中显得尤为重要。这一过程主要包括融合教学和科研，旨在将科研优势和科技力量转化到高校人才培养中，以改进教学模式和提升教学效果。高校教师应积极参与科研活动，将研究成果与教学结合起来，使学生能够更好地理解和应用知识。此外，高校还应鼓励教师开展与产业界的合作研究，促进科研成果的应用和转化。

为了实现科教融合，互动机制也应该得到建设。高校应该为青年教师提供参与科研活动的机会，强化他们的研究能力。同时，应该倾斜资源向基层教学，鼓励青年教师与学生共同探究，提升他们的探究能力。这种互动机制不仅有助于培养青年教师的科研潜力，还能够提高教学的质量和学术水平。另外，高校应该集中精力投入网络建设，开发精品课程。教育部的相关指令可以作为依据，但高校也应该根据自身的特点和需求来推出精品课程。这些精品课程应该融合信息技术，提供多样化的教学资源和工具，以提升教师和学生的学习质量。通过精品课程的开发和推广，高校可以更好地满足学生的需求，提高教育质量，并增强自身的竞争力。

第四，健全评价体系。评价体系作为评估青年教师教学水平的关键标准，在教育体系中具有重要地位。当前的评价体系需要进一步的改进和完善，以更好地激发青年教师的积极性和提升他们的教学能力。首要任务是健全评价制度，避免模板化的评价方法，而是采用多元化和全方位的评价方式。这可以帮助发现青年教师的潜力和优势，而不仅仅是强调问题和不足之处。在新时期，评价体系需要进行系统研究，考虑到教学活动的复杂性和多样性，需要完善评价技术，以避免评价的局限性，使其更具针对性和实效性。另外，评价体系需要考虑不同类型的教师和不同学科的特点。为了确保评价科学有效，应制定客观和准确的量化指标，以便能够更全面地了解青年教师的教学表现。此外，支持青年教师的政策制度也是至关重要的一环。这些政策制度可以包括资金支持，例如设立教学竞赛和教学研究等活动，以激发青年教师的热情和提高他们的教学积极性。这些活动不仅可以提供额外的学习机会，还可以让青年教师在实践中不断改进自己的教学方法和技巧。

第四节　基于人才培养体系的应用型高校青年教师教学能力提升

应用型高校的发展已成为现代社会中的重要组成部分，其使命之一是培养具备实际技能和知识的专业人才。在这一背景下，青年教师的教学能力提升显得至关重要，因为他们承担着培养未来专业人才的重任。青年教师教学能力的提高不仅需要涉及专业知识，还需要关注教育教学技能、教育教学理念和方法等多个方面。以下探讨基于人才培养体系的应用型高校青年教师教学能力提升的方法和建议，以实现更好的教学效果。

一、培训和发展计划

第一，个性化培训计划。应用型高校可以为青年教师制订个性化的培训和发展计划，根据他们的需求和专业背景，提供不同层次的培训，这些计划可以涵盖教育教学方法、课程设计、教育技术等多个方面，以满足青年教师不同领域的需求。通过制订个性化计划，可以更好地满足青年教师的专业成长需求，帮助他们提升教学能力。

第二，培训资源。为了支持个性化培训计划的实施，应用型高校可以建立教育发展中心或师资培训机构，提供培训资源和支持，这些资源可以包括培训课程、教育教材、教育技术设备等，以帮助青年教师更好地提高其教学能力。

第三，持续学习机会。除了初期培训，应用型高校还应提供持续学习机会，以确保青年教师能够不断更新他们的教育教学知识和技能，这可以包括参加学术会议、研讨会、研究项目等，以拓宽他们的教学视野和知识体系。

二、教学团队合作

第一，跨学科合作。鼓励青年教师与同事合作，参与跨学科的教学项目。合作可以促进经验交流，帮助教师学习新的教育方法和理念。跨学科合作还可以丰富课程内容，使学生获益更多，培养出更具综合素养的专业人才。

第二，教师团队建设。应用型高校可以设立教师团队，定期召开教研会议，分享教学心得和研究成果，这种团队建设可以帮助青年教师获得归属感，激发他们的教育教学热情，提高团队的整体教学水平。

三、教学评估与反馈

第一，定期教学评估。定期进行教学评估，包括同行评课、学生评价和教师自我评价等，这可以帮助青年教师了解他们的教学效果，发现教学中存在的问题和改进空间。评估结果也可用于制订改进计划。

第二，学生和同事反馈。收集学生和同事的反馈意见是教学改进的重要方式。学生的反馈可以帮助教师了解他们的学习需求和期望，同事的反馈可以提供专业建议和意见。通过综合考虑不同反馈意见，青年教师可以更好地改进他们的教学方法。

四、利用教育技术

第一，教育技术工具。应用型高校可以鼓励教师使用教育技术工具，如在线学习平台、虚拟实验室和多媒体资源，以提高教学效果和吸引学生的兴趣，这些工具可以增强互动性，使教学更具吸引力。

第二，教育技术培训。为了有效利用教育技术，应用型高校可以提供相应的培训课程，帮助教师掌握技术的使用方法，这包括如何创建在线课程、设计虚拟实验和利用多媒体资源等。通过培训，青年教师可以更自信地应用教育技术来提升教学质量。

五、学科知识更新

第一，积极参与学科研究。鼓励青年教师积极参与学科研究，不仅可以促进他们的学术发展，还可以确保他们的教学内容和方法与最新的学科发展保持一致。参与研究项目、发表学术论文和参加学术会议等都是提升学科知识的途径。

第二，学科交流与合作。应用型高校可以组织学科交流和合作活动，让青年教师有机会与其他领域的教师合作，拓宽他们的学科视野。跨学科合作不仅可以丰富教学内容，还可以促进知识的传递和创新。

六、培养教育教学理念

第一，理念明晰。帮助青年教师明确他们的教育教学理念，鼓励他们关注学生的终身学习和职业发展，以及培养学生的创新和实践能力。教育教学理念的明晰有助于教师更好地定位自己的教学目标和方法，提高教学效果。

第二，教育教学研究。应用型高校可以鼓励青年教师进行教育教学研究，探讨不同教育教学理念的实施效果。研究可以帮助教师更好地理解不同教育方法的优缺点，以优化自己的教学方式。

七、参与课程评估和改进

第一，与教育部门合作。青年教师可以参与课程评估和改进工作，与教育部门一起制定和更新课程，以适应行业和社会的需求，这种参与可以让教师更好地了解课程目标和学生需求，从而调整教学内容和方法。

第二，反馈机制。应用型高校可以建立有效的反馈机制，让青年教师的建议和反馈被及时采纳，这可以激发教师对课程改进的积极性，使他们更有动力参与课程改革和创新。

第五章　高校青年教师的科研能力提升

第一节　科研能力的认知

一、科研创新能力

"高校青年教师的科研创新能力提升是教师专业发展的内在需求，也是高校学术科研水平提升的主要推动力。"[①]

（一）科研创新能力的重要性

第一，建设创新型国家的客观要求。创新一直被认为是国家不断进步的动力源泉。在当今全球化竞争激烈的环境中，国家要想在世界舞台上脱颖而出，必须不断推动创新。而推动创新的核心是拥有自主创新能力的人才，他们是国家创新发展的关键。这些人才不仅能够在科技领域取得卓越成就，还能够在各个领域推动变革和创新。高校在培养创新型人才方面具有重要作用，因为它们是培养未来领袖和创新者的摇篮。

第二，高等教育发展的必然要求。高等教育的发展与国家的创新能力密切相关。高校的科研产出数量和质量是评价其综合实力的关键指标。一个国家的高校如果在科研方面取得了显著成就，就能够吸引更多的国际顶尖学者和研究人员，从而提升国家的创新能力。此外，高校的教育科研能力也与国家的可持续发展密切相关。高等教育的质量和创新能力不仅影响着国家的经济繁荣，还关系到社会的文化和科技进步。

第三，培养创新型人才的要求。高等学校肩负着培养高素质创新人才的历史使命。在这个过程中，青年教师扮演着至关重要的角色，他们是教书育人的中坚力量。青年教师的科研创新能力的开发与提升是关键。只有他们具备了高水平的科研能力，才能够有效地传授给学生，并激发学生的创新潜力。青年教师的科研创新能力也是高校培养创新型人才和

---

① 谢红星，文鹏. 高等学校青年教师专业发展能力提升研究 [M]. 武汉：武汉大学出版社，2022：91.

科技创新可持续发展的关键依托。因此，高校应该为青年教师提供更多的支持和培训，以促进他们的科研创新能力的发展，这将有助于实现创新型国家建设的目标。

第四，支撑学科内涵发展的要求。为了不断提高学科内涵和优化学科结构，高校必须深入研究学科理论前沿，并将最新成果应用于实践。这一举措有助于提升科研能力，实现质的跨越，促进高校学科内涵的发展和提升。

第五，教师专业发展的内在需求。高校教师专业发展需要不断提升科研创新能力。科研创新不仅有助于教师的专业素质提高，还能拓展他们的知识领域，增强他们的能力，促使他们不断自我形成。这不仅是当前高等教育体制改革的内在需求，也是重要的教师队伍建设议题。

（二）教师提升科研创新能力的思路

1. 完善知识结构，确立科研方向

教师的科研创新能力是一个复杂而多维的概念，受到多个因素的影响。首先，知识存储量在教师的科研创新中起着关键作用。一个教师拥有的知识储备越丰富，通常越能够在科研领域有更广泛的影响力。其次，知识生产状况也是影响教师科研创新能力的重要因素。教师需要不断产生新的知识，参与研究项目，发表学术论文，推动学科的进展。此外，知识利用方式和应用效率也是关键因素，教师需要能够有效地将已有知识应用到科研实践中，并高效地解决问题。

对于高校青年教师来说，培养自身的科研能力至关重要。他们需要注重终身学习，不断更新知识，跟随学科的最新发展。同时，拓宽研究视野也是必要的，通过参与国际学术交流、多学科合作等方式，获取更广泛的研究经验。构建有利于科研创新的知识体系也是不可或缺的，这可以帮助他们更好地理解和运用已有知识，促进创新。

在形成科研方向时，青年教师需要坚持以自己为主，保持人格独立和学术独立。他们应该独立思考，不迷失于科研团队或潮流，确立自己的学术立场和研究兴趣。同时，他们也应该根据国家、市场和社会需求选择科研主题和方向，培养科研创新意识，设立明确的科研目标，并学习科研创新理论和实践方法，逐步提高科研水平，开辟适合自己发展的学术研究领域。

2. 提升信息分析与获取能力，重视知识管理能力

近年来，科研领域的快速发展使得科研成果的获取变得更加困难，这不仅增加了科研创新项目的难度，也让青年教师面临更多的干扰。在这个背景下，分析和获取信息及理性

思考变得至关重要。教师的信息分析和获取能力直接关系到他们的知识管理水平。为了应对这一挑战，教师需要充分利用多种资源，获取显性知识，同时也要认识到隐性知识的重要价值。教师应该结合科研和教育环境，积极提高对隐性知识的感知与获取。这意味着他们需要在课堂教学中注重实践经验的积累，与同事分享成功和失败的经验，以及积极参与学术交流活动。

3. 保持敏锐嗅觉，感知学术前沿

高校青年教师要想提高自身的科研创新能力，必须嗅觉灵敏，保持对学术前沿的感知力，及时获取多方面的学术前沿发展信息，为科研创新能力的提升奠定基础。学术前沿的发展信息包括很多方面：对科学技术研究现状的了解，特别是根据自身科研需要了解当前科学技术的研究热点和创新成果，拓宽知识的深度和广度；对国家政策和发展规划的持续关注，理解并符合国家未来发展的趋势和方向；积极了解社会对不同专业人才的需求情况，尤其是对自己所研究专业领域的人才需求状况进行深入分析与判断，探索未来社会的发展方向，以便在后续科研过程中做出适应性调整；对本校重点学科发展的积极参与，体现高校特色发展与优势。

4. 葆有科学精神，提升自我反思

高校青年教师要具备科学的态度、求实的精神、对科学执着追求、探索未知的热情、坚韧不拔的意志和良好的科学道德；具备专业的科学技术研究能力，要有探索性、创造性、精确性、个体性与协作性，要有敏锐的观察能力、丰富的想象力和理论概括能力，要具有国际化视野。

高校青年教师应把科研活动本身作为研究对象，对科研实践活动进行深刻的反思，总结经验与教训，形成科研智慧。反思的过程本身就是科研能力提升的过程，也是个人不断实现自我提升的过程。

二、科研合作能力

(一) 科研团队合作

随着科学技术的不断发展，近代科学呈现出从单一化发展到专门化发展再到综合化发展的趋势。与此相适应，科学研究的组织形式也经历了一个规模日趋扩大的发展过程，合作研究已经成为科学研究发展的必然要求，需要通力合作、协同攻关，进行跨学科、跨领域的集体研究。许多重大创新成果更多地出现在学科交叉领域，而且往往都是团队合作的

结果，团队合作和团队精神已经成为科学研究的重要命题。高校科研团队正是在这种背景下应运而生并不断创新的一种科研组织形式。当代科学技术的发展趋势与高校科研发展的客观规律，决定了合作研究的必然性和科研团队的重要性，从而决定了高校科研团队在高校创新中的主力军地位。高校科研团队是高校创新环境的营造者，是高校创新能力的主要支撑，是高校创新能力的晴雨表，对高校创新能力的培育发挥着不可替代的作用，对提升高校创新优势产生积极而重大的影响。一个高素质的高校科研团队不仅能取得重大科技创新成果，而且能带动一个学科的发展，甚至能创造出一个新兴产业。

1. 科研团队的要素

科研团队可以定义为，以科学技术研究与开发为主要内容，由为数不多的愿意为共同的科研目标而相互承担责任的专业学术人员组成的群体。科研团队合作是高校教师中最为常见的合作形式，它是指教师们围绕一定的课题研究任务而进行的联合行动，包括合作申请、合作开题、合作调研、合作写论文等。高校青年教师间的科研合作，通过整合高校的科研力量，聚焦研究问题，形成科研团队，成员之间彼此相互配合、协同工作，实现科研产出的最大化，促进科研成果的创新性。在科研团队合作中，不同专业、领域的教师通过良性沟通、积极互动、协同共事，形成科研共同体，成员间彼此分享资源、互惠互助，各展其能、各尽所长，愿景一致地开展合作，实现思想和观点的碰撞，学科间的交叉与融合，有利于提升科研效率，激发学术创新。科研团队是青年教师参与科学研究的一个良好途径，青年教师要充分认识到科研团队的重要性，并迅速融入一个适合自己的科研团队中来，通过科研团队的集体协作和扶持来提升自身的科研能力。然而，当前高校青年教师的科研团队合作受到多方面因素制约。青年教师的知识结构和学缘结构普遍较为单一，学术研究视野存在一定局限，不同学科背景间的协同创新相对有限，以单打独斗、各自为政为常态，缺乏合作精神和跨学科的综合性研究活动。加之，高校科研组织工作比较薄弱，在研究课题的技术指导、团队扶持及研究过程监督等方面缺乏有效的指导和培训，无暇顾及和培养教师科研协同创新能力。

（1）团队成员优势互补。在科研合作中，青年教师通常会评估合作对象的研究基础，选择具有一定技术和资源作为研究基础的成员组成科研团队。因此，具备共同的研究基础成为理想科研团队形成的重要前提。在选择团队成员标准这一问题的描述中，有的教师表示，限于自身研究水平有限，研究基础单薄，特别希望其他教师，为自己的研究提供建议和意见。因此，高校青年教师要想达到真正的科研上的合作，形成稳定的科研团队，"说真话、能做事"成为选择团队成员的重要标准。最为关键的是要共同研究与行动，优势互补，形成一种长期的互助式的合作。

（2）信任是团队的基础。高校青年教师间的科研团队合作有赖于彼此间真诚无私地共享资源、理念、方法，彼此成为对方的重要支撑。在合作中，教师之间相互信任、互惠互助，以开放的心态、宽容的胸怀对待同事，摒弃狭隘与嫉妒心理，以便与同事建立起和谐的合作伙伴关系。

（3）人际关系是团队运行的润滑剂。从事科研活动也要处理好人与人之间的关系。青年教师加入或组建研究团队后，要平衡好团队成员之间的关系，包括教师与教师之间的关系、教师与研究生之间的关系、研究生与研究生之间的关系等。如果人际关系处理不当，也会严重制约高校教师科研创新能力的发挥。

2. 科研团队形成的措施与对策

（1）大力整合科研资源。高校青年教师科研能力与水平的提升离不开丰富的科研资源和稳定的科研团队。学校应充分发挥自身知识资源、人才储备、学术氛围等方面的优势，整合现有的科研资源，加强校企合作和产学研融合，构建健全的人才流动机制，为科研创新提供强有力的保障。大力培养数量充足、结构合理、素质较强的创新型科研团队，专门划拨科研经费，为科研创新工作保驾护航。

（2）积极搭建高水平科研合作平台。高校教师的科研创新能力与科研团队机构规模成正相关的关系，团队协作对提高科研创新能力具有重要的作用。高校要建立以"科研"为核心的管理机制，加强学校内部跨专业、跨学院、跨部门的协同合作，运用学科门类齐全、综合性突出等优势，尽可能地搭建高水平的研究平台，提高科学研究的起点，积极鼓励教师进行跨学科课程交叉学习和开展教学科研活动，不断扩大科研合作的范围，加深科研合作的深度，拓展学术创新思维，开阔学术研究视野，推动跨学科的科研创新研究，促进学术交流与创新，为科研创新提供更广阔的发展空间。

（3）落实青年教师科研团队的政策扶持。高校须完善科研创新人才团队的培养机制，重视对青年教师科研创新能力的培养，在科研协作平台的搭建中给予青年教师团队一定程度的政策倾斜和扶持指导，帮助青年教师在团队中畅通交流和学习渠道，受到及时恰当的指导，拓展科研思维，不断在实践中提升科研竞争力和创造力。同时，加强对青年教师科研活动的支持，在科研设备、各类科研立项、科研论文发表、学术交流等方面提供必要的物质保障。

（二）国际交流合作

科技创新能力受当今世界各国高度重视，科技国际化的水平也成为判断国家科技创新能力的重要准则。党的十九大报告强调，要培养造就一大批具有国际水平的战略科技人才、科技领军人才、青年科技人才和高水平创新团队。高等学校作为优秀创新人才的集聚地，通过与国外的高校、科研机构和企业在科学研究、技术开发和成果转化等方面进行一系列交流与合作，通过复杂智力劳动形成国际化的学术或科技成果，实现国际科技人员互动、资源互补和知识技术信息融合。高校青年教师承担了科研国际交流合作的大部分工作，是推动科技国际化水平快速发展的一支重要力量。

1. 提升青年教师科研国际合作能力的方式

（1）通过各种途径参与科研国际交流合作活动。高校青年教师通过参与科研国际交流合作，提升自身科技水平，带动国家的科技创新。高校青年教师参与国际交流合作的方式主要有参与国际性科研合作、参与国际科技研究机构共建、参加其所在学科领域的国际性会议、在线或以电子刊物形式发表科研成果及文章、在国际性期刊上发文、在其他国家发表科研成果、使用外语发表科研成果、与国外同行合著、与国际同行开展各类科研项目的合作、在国际性会议及会展上发布科研成果、定期阅读所在学科领域前沿的国际期刊和文献、参与国际性组织或担任国际期刊编委，以及组织和筹办国际性会议。此外，高校青年教师还可以参与国内高校与国际研究机构的人员互派互访，如邀请国外教授、专家到国内讲学和交流；国内学者到对方机构进行访问，学习先进技术、先进管理经验等活动；以提高科研水平为目的的高校教师出国进修和实习等培训活动等。

（2）掌握国际研究动态，学习先进知识。高校青年教师要多阅读国外最新文献，多参加国际会议、多与国外知名学者交流，通过各种形式的流动与国外学者建立联系，掌握国际最新的研究动态，在较短的时间内知晓国外同行的研究热点和达到的水平，学习和掌握国际先进的学术理念、科技研究手段和实验应用方法，缩短与国际水平的差距，拓宽视野、转化思维，提高科研创新能力，增强自身国际竞争力，成长为具有国际视野的专家学者，为建设创新型国家做贡献。

（3）找准合作课题，追求创新成果。高校青年教师在发展科研国际交流合作时，要学会灵活运用各种形式。首先，要抓住重点，选好双方能够实现优势互补并且共同感兴趣的课题；其次，国内的研究工作是有效开展科研国际交流合作的基础，充实自身，才能吸引对方；再次，科研国际交流合作要用好国家资源，引进先进的信息和设备，选择有国际影响力的学者合作，争取合作研发的经费；最后，对国际合作对象的选择要定位准确，要实现创新，追求卓越的科技成果。

2. 促进青年教师科研国际合作的措施和对策

（1）拓宽资源，树立国际化合作意识。高等学校的科研国际合作要以开放意识和国际化理念为指导，引导青年教师在知识创新和技术研发中开阔视野，树立国际化合作意识。拓宽国际科研交流合作的范围，整合国际科研资源，提升科研国际合作交流在团队创新和人才培养中的作用，使科研国际合作成为学校发展新的推动力量。

（2）创造更多科研国家交流合作的机会。高校要在自主创新基金中确立相关的科研合作交流项目，支持青年教师到海外访学，进一步拓宽其学术视野，深化对学科前沿知识的认知，能做到科研结合实际，又能把握科研趋势，让青年教师在开展国际合作的过程中发挥其科研潜能。充分利用国家留学基金委员、地方教育厅和学校的国际合作计划，通过跨国公司海外培训项目、国际合作项目和奖学金项目等，选派青年骨干教师到国外大学和研究机构进行学习研究，创造更多的机会使青年教师与国际同行保持密切沟通与合作，不断提升青年教师队伍的国际视野和学术话语权。

（3）构建国际化科研合作交流平台。高校要积极融入国际协同创新体系，综合多学科研究方法寻找更多的创新基点，积极构建国际化科研合作交流平台，提升普通高校原始创新和集成创新能力。对于有国际重大影响力的合作项目，要积极选取有研究基础和实力的国际著名高校、研究院所、跨国公司和各类团体等深入合作，建立科技研发载体，实现各种资源的有效组合，调动科研人员的创新能力，建立具有国际重大影响的学术高地和研发中心。此外，高校科研国际化合作还能通过平台建设促进应用技术推广，产生重要的经济社会效益，通过大学科技园等载体，推动产业化发展。

三、科研成果的转化能力

科研成果是科学研究与技术开发所产生的具有实用价值的成果，是通过调研考察、实验研究、设计试验和辩证思维活动等，所取得的具有一定学术意义或实用价值的创造性劳动成果，并通过了技术鉴定，得到了社会认可。高校科研成果产出率较高，高校青年教师通过产学研合作进行科研成果转化。高校已经成为产学研链条中重要的环节，高校青年教师已经成为科研成果转化的重要参与者，在国家技术创新体系建设和国民经济产业技术升级中具有不可替代的作用。

高校"人才培养、科学研究、社会服务"三大基本职能决定了高校教师的多元身份，因此高校青年教师的科研成果转化可以有两个方向：既可以转化成教学资源，服务高校人才培养，也能够转化为先进生产力，为社会服务作出贡献。

（一）科研成果转化为教学资源

高校青年教师的科研成果反映着所研究学科领域比较前沿的知识，如果把科研成果及时有效地转化为教学资源，融入教学过程中，将提高人才的培养质量。

1. 科研成果转化为教学资源的意义

（1）现代大学科教融合的要求。现代大学理念所倡导的"科教并重，全面育人"，要求高校青年教师不仅要积极开展科研活动，形成科研成果，同时还要积极将科研成果转化成教学资源，融入教学活动之中，向学生传授新知识和新技能。此外，高校青年教师还可以在教学过程中发现科研成果转化存在哪些问题，为后续进一步科研探索找到突破口，实现科研与教学有效融合和相互促进。

（2）高校教师职责和使命的要求。高校教师的首要职责就是"育人"，培养全面发展的高素质创新人才。因此，青年教师不能将教学和科研二者割裂开来，而要将它们有机统一起来，围绕"全面育人"实现科研和教学的有机融合。因此，将科研成果转化成教学资源，将科研精神和最新科研成果传授给学生，既是科研和教学的有机融合，又是高校青年教师应该承担的职责和使命。

（3）创新人才培养的要求。高校青年教师能够形成科研成果的，必然是其创新科研活动的结晶，转化成教学资源后，能够丰富教学内容，扩大学生视野，实现教学改革创新。更重要的是，教学过程中，学生还会被青年教师的科研精神和创新意识所感染，在潜移默化中促进学生对专业知识的学习兴趣，培养学生形成科学的思维方式和研究方法，这些都是培养高素质创新人才不可或缺的重要因素。

2. 青年教师科研成果的教学价值

（1）科研成果的研究内容可以丰富现有教材的内容体系。科研成果的创新性和先进性决定了其研究内容常常是各个学科领域的前沿问题，代表了最新研究进展结果。然而，一方面，由于对知识体系系统性的要求，高校教学中选用的教材内容必须相对稳定；另一方面，由于教材编写周期较长，时间上存在滞后性，加之编写人员的局限性，教材中很难及时、全面地反映出相关学科领域的最新研究进展。高校青年教师把从事科研工作取得的最新研究成果结合教学进度安排及时介绍给学生，可以让学生接触到学科前沿的新技术、新方法、新知识，是对教材知识体系重要的补充。

（2）科研成果多学科融合的特点有利于学生对知识的综合应用。从科技成果形成的特点来看，其研究过程中不同学科领域知识和技术的相互渗透，是优秀科技成果产出的基本规律。从高校教学的特点来看，融合多学科知识，是一种科学研究方法对学生的潜移默化的熏陶。优秀科技成果转化为高校教育资源后，既为教师提供了一个系统传授多学科知识融合运用的良好载体，激发学生的想象力和创造力，也让学生通过生动的实证学习，提高了对所学知识的综合应用能力。

（3）科研成果完成人亲自授课具有示范教育效果。科技成果转化为教学资源是培养学生创新能力的重要手段，也是创新教育的重要组成部分。创新教育就是使学生不但要学到知识，更重要的是学会探索新知识。创新教育单靠书本是远远不够的，众多对科学研究创新过程有着切身经历和体验的青年教师现身说法，示范效果尤其突出。青年教师只有取得对科学研究创新过程的真实感受和体验后，才能真正把握创新教育的实质，以科学的态度、科学的方法激发学生探索未知的兴趣，把创新方法、创新精神贯穿于教学活动。

3. 科研成果转化为教学资源的实施

科研成果转化为教学资源的模式可以多样化。通过把科研成果转化为理论教学课程、实验教学课程、课程设计、毕业设计、导师小组活动及学术活动，将科研成果的教学价值发挥到极致，实现"教学带动科研、科研促进教学"的良性循环。

（1）对现有的科研成果进行系统的教学资源整理。并不是所有的科技成果都适合转化为教学资源，高校青年教师要紧密结合所讲授课程的教学规律和科研成果的内容特征，深入分析教学和科研内容之间的内在联系，对自己的科研成果进行系统的归纳和整理。重点需要考虑：成果的科学研究思路是否具有教学价值；成果的实验设计方法是否具有教学价值；研究过程中涉及主要知识点与教材知识体系的对应关系如何；解决科学问题、研究获得成功的难点和重点关键环节的梳理；研究结果或结论可以纳入教学内容的最佳切入点等。高校青年教师作为科研成果的完成者，对科研成果进课堂的不同模式进行大胆尝试和实践，架起教学和科研之间的桥梁。

（2）科研成果转化为课堂教学的内容。课堂教学中，高校青年教师可以把先进的科研成果引入进去，介绍教学内容相关的新知识和科学研究方法，列举具体实例，把理论和实际结合起来，增加学生的学习兴趣，化解教学重难点，提高教学质量；还可以将一些具有代表性的学术论文或其他科研成果作为参考资料留给学生课后学习，引导学生思考，培养学生分析和解决问题的能力，进而培养学生的创新能力。在此过程中，高校青年教师展示出过硬的科研能力和专业素质，不仅可以提升个人魅力，还可以提升课堂的吸引力。

（3）科研成果转化为实践教学的内容。实践教学培养学生的实践能力和创新能力。实践教学包括实验教学课、课程设计、毕业设计等。通过在实践类课程中引入高校青年教师的科研成果，将科学研究的方法转化为教学手段，把科研项目具体化为综合性、设计性的实践内容，帮助学生将理论知识应用于实践活动中，培养学生综合实践能力。

（4）科研成果转化为学术活动。科研成果转化还可以融入学生的学术交流活动中。高校青年教师通过学术讲座或者学术报告的形式，把与教学内容有关的学科发展动态介绍给学生，或把与教学内容有关的科研活动或者科研成果介绍给学生，帮助学生扩大知识面，开阔视野。

（5）科研成果转化为导师小组科研活动。很多高校青年教师已经是所在专业的硕士生导师或博士生导师，需要指导一定数量的学生。有的高校为鼓励学生尽早参与科研活动，本科阶段就分配了科研导师。高校青年教师将科研成果带入自己指导的学生小组中，帮助学生制订研究方案，带领学生参与科研活动，锻炼学生的科研能力。

4. 提升青年教师科研成果转化能力的保障

（1）加强高校科研和教学管理工作的结合。高等学校的科研管理部门和教学管理部门都是学校的重要职能部门，各自发挥着重要作用。科研成果向教学资源的转化，要求高校的科研和教学管理部门不但要在自己的管理领域下功夫，更要在相互交叉的管理领域通力合作、密切配合、相互支持，为高校科研与教学的融合提供管理上的保障和支持，努力形成"科教相长"的局面，为科技成果向教育资源转化创造良好的政策环境。

（2）将科研成果转化教学资源纳入高校青年教师考核体系。为促进科研成果向教学资源的转化，高校应该将此项作为高校青年教师考核体系中的一个重要指标。当前，高校青年教师中有科研成果的人不少，但是有意愿推动科研成果转化教学资源的人却为数不多。根本原因就在于，这项工作与高校青年教师的考核评聘不相关。如果把科研成果转化教学资源纳入考核体系，必将调动广大青年教师的积极性，使他们愿意甚至想方设法进行科研成果转化教学资源的工作，从而最终提高高校人才培养质量。

（3）打造高校科技成果转化教学资源的精品示范课程。教师是科研成果是否可以转化为教学资源的最主要因素，也是科研成果有效转化为教学资源的最主要的实践者。高校青年教师中常常有这样的现象：教学能力强的教师科研业绩平平，科研能力很强的教师在教学水平上却表现一般，这极大影响了科研成果向教学资源的转化。高校教学管理部门可以重点选取科研能力强、科技成果多，但是教学能力相对薄弱的青年教师，进行系统的教学能力强化培训，并且为其组建专门的教学团队，打造高校科技成果转化教学资源的精品示范课程，全面推动学校科技成果向教育资源转化的进程。

（二）科研成果转化社会服务

高校青年教师作为科研成果创造者的主体，通过产学研合作的发展模式，提升自身学术科研能力，服务国家创新驱动发展战略。高校作为科研人才集聚、知识生产集中的地方，具有资金、工业生产经验、技术和物质条件相对缺乏的劣势；企业作为将知识产品商业化和产业化的载体，具有技术革新能力相对较弱的劣势，校企合作能够最大限度地发挥双方优势，摒弃双方劣势，推动高校和企业的双赢。高校是科技创新的主力军，企业是科技成果转化的主体。产学研合作可以实现高校和企业之间科技创新资源的优势互补，加速科技成果转化和高新技术产业化进程，对于促进经济结构调整、经济增长方式转变和创新型国家的建设具有重要的战略意义，是科研发展的主要动力，是检验青年教师科研创新成果的关键。

1. 科研成果转化社会服务的意义

（1）满足企业技术创新及市场需求。通过对企业的调研表明，高校现有科技成果并不能满足企业实际发展需求，科技成果与市场严重脱节。高校青年教师长期在实验室从事科研工作，从最初研发项目的选题，就过多地偏重技术与理论，忽视了科研成果在实际产业中的应用前景，缺乏对国家、地方政府的科技工作政策和战略重点信息的了解，缺乏企业一线的实践锻炼经历，缺乏技术储备和产学研结合的实践经验，研究项目常常与市场需求脱节，成果的转化难度大或完全没有市场，企业不愿花钱购买或联合开发，校企合作难以深入开展，未能将取得的最新科研成果转化成现实生产力，从而形成了一种科研资源的浪费，最终无法实现期望的技术创新目标和成果转化效果。

（2）满足高校教师分类管理考核要求。随着高校教师岗位分类管理和考核评价机制的不断深化，社会服务型岗位将高校教师在国家战略或行业及产业重大需求中取得的自主知识产权、重大技术突破、成果转化效益和技术推广成效作为评价重点，将科技成果转化的数量、科技成果转化的水平、科技成果转化的收益等指标进行定性与定量相结合的考核，对高校教师的技术开发、成果转化、产学研用一体化等提出了具体的要求。科技成果转化能力已经纳入评价考核体系，成为高校青年教师职称评聘的重要依据。

（3）满足高校青年教师专业发展需要及自我价值体现。高校青年教师在与企业合作开发项目或为企业提供科技服务的过程中，增加了接触生产实践的机会，在"知识的提供者"和"知识的使用者"之间建立了密切的合作关系，并通过知识共享形成了产业创新，对青年教师知识视野的开阔、实践能力的培养、问题意识的加强、科研能力的提升都大有裨益，符合高校青年教师专业发展的内在要求，也满足了高校青年教师"学以致用"，将科研理论知识转化为看得见的生产力的成就感和自豪感。

2. 科研成果转化社会服务的有效实施

（1）产学研合作，与企业亲密接触。产学研合作可以为高校青年教师科研意识的加强提供良好的环境。高校青年教师要主动了解所处学科行业状况，进入相关领域调研，将科研兴趣与行业需求结合起来，实现科研"走出去"，将论文写在产品上，将研究做在工程中，将成果转化到企业里，这样不仅能够激活青年教师的科研动能，丰富行业经验，还能提升教师与企业互动的能力，实现与企业或行业的深层次沟通。青年教师与企业之间的产学研合作能够把教师的科研成果应用到实际产品中去，推动科研成果的产业化进程，为企业带来新技术和新方法，增强企业自主创新能力和竞争力，促进产业结构优化升级，从而取得明显的经济和社会效益。

（2）以团队为依托，以平台为向导。高校青年教师要依托科研团队及产学研创新平台，齐心协力，从学校和企业的实际出发，有针对性地开展成果研发，承担起推动地方产业技术发展的责任。依靠团队带头人的学术造诣、学术声望及学术创新能力，依托产学研创新平台，学习团队中理论及实践专家的综合智慧，不断摸索创新科研方法，完成科研创新和产业创新。可见，提升高校青年教师科研成果转化能力的最佳途径是在团队合作中激励与促进，而不是孤立状态下进行独立研究。

（3）积极参加培训，理论联系实际。高校青年教师要积极参加各级管理部门、研究合作企业等组织的科研成果转化的理论及实践培训，通过校内外专家的理论培训、生产企业的实践培训，了解创新创业、知识产权保护及专利申请等知识，提高自身对科研成果转化的认识及能力，树立和明确理论联系实践的科研理念，这也是科研成果转化的必然要求。在培训过程中发现问题、界定问题、论证问题、阐述问题，以研究问题为核心，以技术服务为依托，提升高校青年教师理论与实践相结合的能力，将理论知识应用于企业生产实践中，服务于企业生产实践中，促进实践性科研能力的提高。

（4）把握社会需要，提升个人发展。高校的青年教师要认识到科研成果转化项目对于自身发展的意义，将其作为自身能力提升的重要方式。与此同时，青年教师还要深入了解经济社会发展对科技的需要，在经济社会建设中发现科技问题，推动科研和生产相结合，全面提升应用研究与成果转化能力，将相应的科研成果应用到社会经济发展中，凸显出科研对于社会进步的促进作用。

3. 高校促进青年教师科研成果转化社会服务的措施

当前，为了提升高校青年教师科研成果转化社会服务能力，需要尽快做好以下工作：

（1）高校要寻求与本学校专业设置相关的企业进行合作，扩大与企业之间的合作领域，在人才合作、技术合作、项目合作的基础上积极开展经费、市场、管理等合作。高校应该利用校企合作的优势为青年教师的科研成果转化提供条件，以提高科研创新的实效性。

（2）鼓励青年教师带着问题到企业相关部门，使高校青年教师的课题研究和企业生产、研发、管理融为一个整体，与企业人员联合攻关，共同制订研究方案，收集整理数据，撰写研究论文，产生科研成果并实施转化利用。对于在专利转让、合作开发、产品产业化等方面做出突出贡献的青年教师，应该对其进行奖励，做到任何参与科技成果转化的个人与团队都能得到应有的回报，激发高校青年教师参与科技成果转化的热情。

（3）鼓励青年教师努力抓住知识生产和科研创新的战略突破口，力求取得原创性科学研究成果，着力提高高校对产业转型升级、新旧动能转换的贡献率，推动重大科学创新、关键技术突破转变为先进生产力，服务地方经济社会发展。

第二节 高校青年教师科研能力的提升机制

"高校青年教师的科研能力不仅是综合素质的重要体现，也对学校整体科研竞争力具有重要的意义。"[①] 当前，高等教育步入了内涵式发展阶段，如何全面提升科研水平，成为摆在高校面前的重大课题。青年教师开展科研，既是创建创新型国家的现实需要，也是全面提高高等院校科技创新能力，加强创新人才培养及着力推进学科与专业建设的内在要求，因此，采取切实有效的措施，全面激发高校广大青年教师的科研能力，具有重要价值。

一、构建以科研为核心的管理机制

推动产学研合作可创建有利于培养高校青年教师科研意识的环境。青年教师可通过企业挂职锻炼，获得实际问题和相关产业需求的洞察，从而积累实践经验以解决科研难题。高校应充分利用管理和评价手段来增强培养青年教师科研意识的效果，具体来说，需要从以下两方面入手：

第一，梳理好教学与科研部门间的工作责任。学校着手建立以科研为核心的管理机制，旨在促进校内不同部门之间的协调与合作。这一机制不仅局限于校内，还积极寻求与企业、科研院所等外部合作伙伴的联系。合作内容包括技术、项目和人才方面的合作，以及市场、经费和管理层面的合作。这一举措旨在打破学科壁垒，促进跨领域的知识交流，推动学校在科研领域的进一步发展。

第二，建立科学有效的评价机制，以激发青年教师的科研积极性。这一评价机制不仅局限于形式化的要求，更侧重于奖励卓越表现，同时也明确了对表现不佳者的惩罚。通过

---

① 彭刚. 青年教师科研能力提升机制探索 [J]. 中国高校科技，2016（5）：24.

这一机制，学校为青年教师提供展示自己才华的机会，使他们在多个方面获得认可，不仅是在科研领域，还包括教学、社会服务等方面。这样的评价机制有助于培养出更多卓越的科研人才，为学校的整体发展注入新的活力。

二、创建学术道德规范机制

第一，为广大青年教师提供科研支持。高校应当提供必要的条件和资源，以培育青年教师的科研能力。其中，通过自主创新基金项目的设立和支持，可以帮助青年教师开展基础研究，提升他们的学术水平。这种支持不仅有助于青年教师个人的职业发展，也有利于满足国家科技需求和跟上国际前沿科研要求，从而提升高校整体科研水平。

第二，建立完善的学术道德规范机制。高校应当制定明确的学术规范标准，确保教师遵守学术伦理和诚信原则。高校可以定期召开学术道德座谈会，促进青年教师之间的学习和交流，共同提高学术道德水平。此外，学术诚信档案应该被广泛运用到科研项目申报、职称评聘和奖励等相关科研活动中，以确保学风建设的规范化与制度化。

三、培养青年教师的团队合作

高校作为科研和教育的重要场所，应当鼓励青年教师积极参与重大项目、基地和团队建设。为了实现这一目标，高校需要制定相关政策，将重点支持放在青年教师申报重大项目和科研基地上。目前，青年教师往往面临长期脱离科研团队的困境，这不仅制约了他们的科研发展，也影响了高校的科研实力。因此，高校应该着重解决这一问题，为青年教师提供更多的支持和机会，让他们更好地融入科研团队，从而为高校的科研事业注入新的活力。

高校应该积极培养科研基础较好、科研方向明确的团队，以青年教师为主体。这些团队可以被视为省级创新团队的种子，他们在科研领域具有巨大的潜力和发展前景。通过将青年教师纳入这些团队，可以帮助他们快速积累科研经验和知识，提高科研水平。这也有助于培养高校的科技骨干，为高校的科研事业注入更多的活力和创新力。此外，高校还应该实施重大科研项目的培育计划，重点支持那些具有科研潜力的教师。这些计划可以帮助培养青年学术精英和高素质的科研团队，从而提升高校的科研实力。同时，高校也不能忽视青年教师的教学工作。他们需要全面提高教学艺术水平，尊重学生，倾听学生建议，鼓励学生开展科技创新，激发学生的求知欲，肯定并鼓励学生的创意想法。只有在科研和教育双轨并进的支持下，高校才能培养出更多的杰出人才，为社会和国家的发展做出更大的贡献。

四、营造良好的学术科研氛围

第一，青年教师的科研能力对于学校的发展和教育质量有着重要的影响。为了提高他们的科研水平，学校应该努力培养科研兴校理念，让青年教师深刻理解学校与科研的关系。这可以通过鼓励教师参与学术讨论、分享研究成果及提供充足的资源支持来实现。学校可以帮助青年教师加强专业知识的掌握，以便更好地开展研究工作。此外，制定政策，提供科研机会，激发科研积极性也是不可或缺的一环。通过明确的科研任务分配，学校可以确保青年教师能够正常开展科研活动，同时培养他们的科研能力。学校应该为青年教师提供业务指导和支持创造性工作。

第二，提高学术交流与国际科研合作能力。高校要鼓励青年教师加入国际学术组织和参与国际学术会议。这有助于他们建立国际科技合作关系，了解国际科研动态，提升自己的国际化视野和竞争力。学校可以创建一个开放的学术交流环境，促进青年教师之间的学术交流。这可以通过组织学术研讨会、专题报告和学术讲座来实现，以激发学术思想，促进科研创新。此外，青年教师的示范作用也非常重要。学校可以鼓励他们发挥领导力和示范作用，促进学术融合与跨学科交流。

第三节　高校青年教师科研能力的培养途径

随着高校学生数量的增加及各高校提高学科竞争力的需求日益严峻，高校青年教师的数量和比例都必将大幅增加。青年教师担负着高校专业和学科建设任务，因此，高校应从培养和提高青年教师科研能力的角度出发，切实解决青年教师科研能力提升的问题，可以从以下途径着手：

第一，引导高校青年教师对科学研究的思考。首先，青年教师入职后，思想松懈，往往会直接影响其继续从事科学研究的内在动力。因此，"要从学校、院系层面，通过岗前培训、教师资格培训、科研活动交流、科研团队负责人的思想引导，正面帮助青年教师树立积极的科研观念，促使他们从内心喜欢和热爱科研、主动追求科研、积极探索科研"[①]。其次，指导青年教师正确认识横向社会服务项目在科研中的作用。高校应指导青年教师从横向社会服务项目中提取科学问题，在试验研究中心寻找解决科学问题的理论和方法，把

---

①　马见青，邵广周，包乾宗. 高等学校青年教师科研能力培养途径探索［J］. 科教文汇（中旬刊），2021（17）：14.

理论和方法应用于社会服务工程项目，形成良好的科研闭环，实现科研良性循环的效果。

第二，加强青年教师科研培养的制度落实。首先，院系应配备专职的行政秘书，将青年教师从繁杂的事务性行政工作中解放出来，保证他们有充足的科研时间。其次，整合空间资源。组建同一学科的青年教师教研室，既能集中管理青年教师，又能为青年教师提供相对独立的空间，切实解决青年教师科研空间不足的问题，为青年教师提供良好的科研环境。再次，建立良性产学研成果转化制度。很多高校青年教师不仅拥有优质的研究成果，还考取了很多行业资质证书，目前国家政策上不允许进行资质挂靠，导致很多高校教师的行业资质证书闲置，不能发挥应有的作用。建议高校的科技成果转化部门成立相应的成果转化机构，激发学术研究成果的产出和成果转化的经济效用。最后，建立目标责任制。高校在人才引进合同中，应明确高校在青年教师培养中的责任和义务，明确青年教师对学校科研发展的量化贡献。建立高校青年教师"能进能出、能上能下"的优化制度，使青年教师时刻保持科研紧迫感，最大限度地激发教师科研能力，缩短科研成果产出周期，使教师尽快成为一名科研能力突出的人才。

第三，加强青年教师的科研学术交流力度与团队建设。青年教师需要通过科研学术交流拓宽科学研究视野，碰撞和激发创新灵感。学校或科研团队应在经费方面做到制度化、常态化，支持青年教师多参加国内外科研学术交流。鼓励青年教师出国留学深造、访学，到企事业单位挂职锻炼及举办青年发展论坛，促进青年教师在科研思维、科研方式方面进行转变。建立完善的教师培训评估体系，保证教师培训的可持续性和实效。另外，建设学科大团队、大平台和大项目，充分发挥平台的优势和资源，使年轻教师的科研设想有能够实现的平台，能够获得大量科研数据，同时能借助大平台申报高级别的科研项目，实现科研良性循环。

第四，加强对青年教师科研项目申报的支持力度。青年教师的发展必须通过科研项目的锻炼得以提升，项目申请书的撰写影响了青年教师的项目申报成功率。高校的科技项目管理部门应对科研项目申报制度、项目经费管理制度等进行宣讲，保证项目申报的形式审查不出问题。高校的学术指导委员会、学科建设委员会等组织机构可以为青年教师项目申报的研究方向和研究内容进行指导和把关，聚焦研究方向，确保项目研究方向的前沿性、研究内容的准确性和严谨性，双管齐下，提高青年教师科研项目申报的成功率。

高校青年教师科研能力的培养是一个系统工程，要逐步健全高校青年教师的培养制度，政府、教育主管部门、社会企业、学校和青年教师也要全员、全程、全方位参与，为青年教师的科研创新发展创造良好的条件和环境，充分激发青年教师的科研热情，提高青年教师的科研能力和水平，为中国高等教育事业和科学发展贡献力量。

第四节　高校艺术类专业青年教师科研能力提升策略

高校艺术类专业的教师，如果能够将他们的科研成果有机地融入教学中，将会对促进科研和教学的双向发展产生积极影响。同时，高校艺术类专业青年教师的研究成就在一定程度上反映了不同高校艺术类专业的学科教育水平和学科理论研究的深度。因此，年轻教师作为高校艺术类专业科研的中坚力量，肩负着提高高校艺术类专业科研能力的重要责任。下面将探讨一些提升高校艺术类专业青年教师科研能力的策略。

一、健全学科科研制度，优化青年教师培训体系

青年教师是国家未来和民族希望的重要力量，他们在高校肩负着教学和科研的使命。尤其是那些从事艺术类专业教育的青年教师，虽然已经取得了一些科研成果，但与其他专业相比，他们仍然存在一定的差距。

为了弥补这一差距，青年教师需要不断提高自己的科研能力，并学习其他专业的科研经验。只有这样，他们才能将研究成果有效地应用于教学实践，提升本专业的科研成效。为了帮助青年教师更好地发展科研能力，高校应该建立健全科研培训制度，提高青年教师对科研的重视程度和自信心，定期进行科研能力培训。此外，高校还需要明确青年教师的定位，激发他们的学术活力，培养科研意识，从而实现从青年教师到科研骨干的转变，提升整个高校的科研活力。不同高校的人事政策不同，导致青年教师面临不同的职业压力。一些晋升机制可能会使青年教师感到缺乏安全感，影响他们的科研热情。为了解决这些问题，高校应该完善培训和科研制度，减少低专业度的工作，激发青年教师的科研热情，提高高校的科研效果。

二、创建艺术专业科研团队，整合校内外科研资源

高校艺术类青年教师是一支充满活力的教育队伍，他们具备高水平的艺术专业能力和教学能力。不仅如此，他们还对新鲜事物有着极高的接受度，与学生年龄相近，拥有高审美标准和完整的审美体系，这些特点有助于他们在教学活动中起到激励和促进的作用。

尽管这些青年教师在教育领域表现出色，但当前高校艺术类专业课程紧张、任务重，他们面临着巨大的课业压力。尤其是在综合类大学中，艺术类师资力量匮乏，这导致他们缺乏时间和精力来进行科学研究。这种情况使得他们在学术领域的发展受到一定的制约。

为了帮助这些青年教师提高学术水平并打破科研障碍，建议高校组建科研团队。科研团队可以成为一个有力的支持系统，为青年教师提供更多的资源和支持，促进他们在学术领域的成长。这些团队可以汇集来自不同领域的教师，共同探讨和研究艺术类专业课程，分享教学经验和研究成果，从而提高整个团队的学术水平。

为了建立高水平的艺术专业科研团队，高校可以采用"引进来、走出去"的科研理念。这意味着高校应该积极引进外部专家和学者，定期邀请他们来校内进行学术交流。这样做不仅可以引入新的思想和研究方法，还可以拓展青年教师的学术视野。同时，高校还应整合校内外的艺术专业学术资源，建立良好的学术合作网络，推动学术经验的交流和分享。

三、完善艺术类专业青年教师多学科知识储备

青年教师缺乏必要的理论知识积累，这一问题在学术研究中尤为显著，因为理论知识是深入探讨艺术领域的关键。这一挑战的根源在于艺术类专业的学科特殊性，其内容常常涉及主观性和创造性，与其他学科相比较而言更为复杂。因此，青年教师常常感到难以完全掌握相关理论知识，这对他们的职业发展和学术研究构成了阻力。

要克服这一挑战，青年教师需要明确自己的职业规划、研究方向和目标。缺乏明确的方向会导致精力分散，难以在学术研究中取得进展。因此，他们应该认真思考自己的兴趣和激情，明确自己希望在艺术领域取得的成就，并为此制订计划。同时，他们应该保持正确的心态，虚心学习艺术类专业的理论知识，而不是将其视为障碍。积极参与学术交流是提升学术水平的关键，青年教师应该主动参加学术会议、研讨会等活动，与同行进行深入的讨论，从中获得新的见解和启发。

艺术领域常常涉及多个学科领域，包括文学、历史、哲学等。因此，青年教师需要涉猎其他相关学科知识，构建综合的知识体系，以更好地理解和探讨艺术作品的背后文化和历史背景。这不仅丰富了他们的学术视野，还有助于提高他们的教学质量和学术科研水平。

高校应该为青年教师提供更多支持。不定期举办学术交流和专题培训活动是一种有效的方式，可以邀请其他专业的教授和导师传授相关理论知识。这不仅有助于青年教师填补知识的空白，还能够促进不同学科领域之间的交流与合作，提高教学质量和学术科研水平。此外，高校还可以建立导师制度，让经验丰富的教授指导青年教师的学术研究和职业发展，帮助他们更好地应对学科特殊性带来的挑战。

四、建立健全艺术类科研成果的认证体系

在艺术类专业学科建设中，建立认证体系是至关重要的。首要的关键点之一是高校应该着手建立并健全艺术类科研成果的认证体系，这一体系应该真正反映艺术学科的特点，从而激发青年教师的科研积极性。为了更好地满足艺术类专业的需求，必须在认证体系的建设中充分考虑这一学科的独特性，确保具体问题能够具体分析，与其他学科的认证体系区别开来。

核心评价标准应该以学术研究成果的质量为依据，确保评价体系符合艺术类专业的实际情况，这样可以更好地衡量教师的学术贡献。此外，还可以通过一系列激励措施来促使青年教师积极参与学术研究，如提供奖金、职称晋升评价加分及举行表彰大会等。

为了鼓励青年教师更积极地参与教学竞赛和研究，可以设立青年教师单独的赛道，并加大对优秀青年教师的表彰力度，以激发他们在学术研究方面的成就。在评价青年教师的学术研究成果时，还应该充分参考他们的教学表现，以综合考量他们的综合能力。适度向青年教师年龄层面倾斜，以促进年轻教师的发展，这将有助于推动艺术类专业的未来发展。同时，在保证公平和公正的前提下，应合理增加青年教师获奖人数，以鼓励更多的青年教师积极参与竞赛和研究。积极表彰和鼓励高层次的研究成果，有助于真正提升艺术类专业青年教师的科研创新能力。

第六章 高校青年教师的创新能力提升研究

第一节 高校青年教师创新能力识别及发展模式

"高校青年教师创新能力是教学和科研工作出色完成的必备素质，而如何有效识别据此形成的发展模式却较少关注。"[①] 因此，高校青年教师创新能力可以有效缓解其教学和科研之间的矛盾关系，使两者达到平衡。

一、高校青年教师创新能力的要素识别

（一）高校青年教师创新能力的识别方法

针对"高校青年教师创新能力识别"问题，研究人员选择采用扎根方法来确定创新能力的构成要素。这一方法的选择基于三个主要原因，具体如下：

第一，创新能力受多个方面的影响，包括个体特征、教育环境、社会因素等，因此，扎根方法被视为适用于探索复杂社会现象的研究方法。与传统的问卷调查方法相比，扎根方法能够更深入地挖掘各种因素之间的相互关系，有助于更全面地理解创新能力的构成要素。

第二，扎根方法相对于问卷调查方法具有一定的优势，其中之一是避免了人为主观偏见的问题。在问卷调查中，受访者可能会受到主观意见的影响，而扎根方法则通过深度访谈和文本分析等方式，更好地捕捉到参与者的真实观点和经验。这有助于提高研究结果的可信性，确保研究不受人为因素的干扰。

第三，扎根方法具有多样的数据来源，这有助于形成三角证据，从而提高研究结论的信度和效度。研究人员可以通过不同途径收集数据，包括文本、采访录音、观察记录等，这些数据可以相互印证，从而增加研究结果的可靠性。同时，多样的数据来源也有助于更

---

① 杨锴，黄诗童. 高校青年教师创新能力识别及发展模式研究［J］. 中国高校科技, 2021（Z1）：85.

全面地理解创新能力构成要素之间的关系。

（二）高校青年教师创新能力的数据来源

为了深入了解高校青年教师的创新能力，采用了多种数据收集方法，以确保数据的多样性和全面性。以下主要对高校青年教师创新能力展开数据收集。之所以围绕这些主体展开研究，其原因如下：

第一，研究对象选择了高校青年教师，因为他们更深刻地理解创新过程，具有代表性。这些年轻教师常常为教育领域注入新的思想和方法，对创新的敏感性较高，因此被视为研究创新能力的理想对象。

第二，高校管理者是政策制定者和执行者，在规范和考核方面扮演着重要角色，他们的决策和行为直接影响着教师的创新能力。通过了解他们对创新的态度和政策制定的过程，可以更好地理解创新能力在高校环境中的体现。

第三，研究者对创新能力有广泛的关注并提供了专业视角的资料。研究者的观点和见解可以帮助揭示创新过程中的关键因素和障碍，从而为提高创新能力提供有价值的见解。

学生评价也被纳入数据收集的考虑因素中，因为学生评价通常受高校青年教师的创新能力影响。学生对教学的感受和反馈可以反映出教师的创新行为是否成功，因此可以作为创新能力的一种度量方式。

（三）高校青年教师创新能力要素的提取

第一，开放编码。开放编码的目标是处理大量的一手和二手资料，将其初步提取，标签化和概念化。在这个阶段，研究者致力于确定关键信息，并确定概念的频次。同时，他们也需要精简和界定这些概念，以便进行进一步的研究。此外，开放编码的过程还包括提炼副范畴，这有助于将信息更清晰地组织起来。

第二，主轴编码。主轴编码的目标是确定副范畴之间的逻辑关系，从而得到主范畴。主范畴在研究中起着关键作用，因为它们包括创新目标要求、青年教师创新行为及他们取得的成绩。通过主轴编码，研究者能够深入理解这些关键方面之间的联系和关系。

第三，选择编码。选择编码的目标是凝聚已有的信息，形成故事的主线。在这个阶段，研究者需要将各种副范畴和概念整合成一个核心范畴。在这个特定的研究中，核心范畴是高校青年教师创新能力要素，包括创新思维、创新精神、个人能力和专业知识。选择编码有助于将研究的焦点集中在这些关键要素上，从而更好地理解和解释青年教师的创新能力。

第四，理论饱和度检验。进行理论饱和度检验，以验证创新能力要素是否全面且系统。这个阶段包括采用多种数据来源、编码和验证方法，以确保研究的构念效度、内外部效度和信度。这有助于确保研究的结果是可靠和有效的，并能够为青年教师的创新能力提供有力的理论支持。

二、高校青年教师创新能力发展模式的方法

高等教育是社会进步和经济发展的关键驱动力之一。在这个快速变化的时代，高校青年教师的创新能力至关重要，因为他们承担着培养未来领导者和开展前沿研究的责任。为了帮助青年教师更好地适应高校教学和研究环境，提高创新能力，需要建立一个综合的发展模式。以下探讨高校青年教师创新能力发展模式的方法，涵盖了明确的发展目标、培训和导师支持、跨学科合作、研究资源和支持、评估体系、终身学习、教学创新、个人发展计划、奖励机制和创新文化等多个方面，以促进卓越教育和研究。

第一，明确的发展目标。高校青年教师的创新能力发展应该以明确的目标为基础，这些目标应当与学校的战略目标和教育政策相一致，以确保青年教师在教学、研究和学术服务方面达到一定水平，这些目标可以包括以下三方面：首先，提高教育质量。确保青年教师能够提供高质量的教育，满足学生的需求，提高学生的学术水平和综合素质。其次，产出优秀研究成果。鼓励青年教师积极参与研究活动，产出具有学术影响力的研究成果，推动学校的研究水平。最后，参与学术服务。鼓励青年教师积极参与学术服务，包括学术评审、学术期刊编辑、学术会议组织等，促进学术社群的发展。

第二，培训和导师支持。培训和导师支持是提高青年教师创新能力的重要途径。高校可以提供以下培训和导师支持：首先，教育教学技巧培训。提供针对教育教学技巧的培训课程，帮助青年教师提高课堂教学质量，包括教育心理学、教育技术等领域的知识。其次，教育技术培训。培训青年教师使用现代教育技术，包括在线教育工具、虚拟实验室等，提高教学效果。再次，教学方法培训。提供不同的教学方法培训，鼓励青年教师尝试新的教学方法，包括问题导向教学、小组讨论等。最后，导师支持。分配有经验的教育导师，指导青年教师的教育工作和研究，分享经验和建议，帮助他们更好地适应高校环境。

第三，鼓励跨学科合作。跨学科合作是创新的关键。高校应该鼓励青年教师参与跨学科合作项目，与其他教师和研究者合作，推动创新。跨学科合作有助于不同学科之间的知识交流和新思维的产生。为了促进跨学科合作，高校可以采取以下措施：首先，创建跨学科研究中心。设立专门的研究中心，吸引不同学科的青年教师参与，共同研究复杂的问题。其次，举办跨学科研讨会。定期组织跨学科研讨会，为青年教师提供交流的平台，促

进合作和创新。最后，提供资源支持。提供资源支持，包括经费和实验室设施，以鼓励青年教师开展跨学科研究项目。

第四，提供研究资源和支持。青年教师需要充足的研究资源和支持，以开展高质量的研究。高校可以采取以下措施：首先，提供实验室设施。确保青年教师有充分的实验室设施，支持他们的实验研究工作。其次，图书馆资源。提供丰富的图书馆资源，包括电子图书、期刊和数据库，帮助青年教师进行文献检索和文献综述。再次，研究经费。提供研究经费，支持青年教师的研究项目，包括数据采集、实验和调查等。最后，研究支持团队。建立研究支持团队，包括统计分析、研究设计等专业人员，帮助青年教师规划和执行研究项目。

第五，建立评估体系。为了确保青年教师的创新能力得到有效的发展，需要建立明确的评估体系，这一评估体系应该涵盖教学质量评估、研究成果评估及学术服务等方面。评估体系的建立有以下优点：首先，激励青年教师。通过评估，可以激励青年教师积极参与创新活动，提高绩效水平。其次，反馈和改进。评估结果可以为青年教师提供反馈，帮助他们改进教学和研究工作。最后，促进质量保障。评估体系有助于确保高校教育和研究的质量，提高整体水平。

第六，鼓励终身学习。终身学习是提高创新能力的关键。青年教师需要不断更新自己的知识和技能，保持与最新研究和教育趋势的联系。高校可以采取以下措施：首先，继续教育课程。提供继续教育课程，帮助青年教师学习新的知识和技能，满足不断变化的需求。其次，学术研讨会。鼓励青年教师参加学术研讨会，与其他研究者交流，了解最新研究成果和趋势。最后，学术期刊和出版。鼓励青年教师发表学术论文和著作，积累研究经验，提高学术声誉。

第七，促进教学创新。教学创新是高校教育的重要组成部分。鼓励青年教师尝试新的教学方法和教育技术，包括在线教育、混合教学等，将提高教学质量和创新。高校可以采取以下措施：首先，提供教育技术支持。提供教育技术支持，帮助青年教师使用新的教育技术，如虚拟实验室、在线学习平台等。其次，教学创新奖励。建立教学创新奖励机制，鼓励青年教师尝试新的教学方法，提高教学效果。最后，学术教学研讨会。组织学术教学研讨会，为青年教师提供交流的机会，分享教学创新经验。

第八，制订个人发展计划。每位青年教师应根据自身情况和发展需求制订个人发展计划，这个计划应当明确目标和行动计划，包括提高教学技能、开展研究项目、参与学术服务等方面。个人发展计划的制订需要考虑以下因素：首先，职业目标。明确自己的职业目标，包括成为卓越的教育者、杰出的研究者等。其次，发展需求。分析自身的发展需求，确定需要提高的领域和技能。再次，行动计划。制订明确的行动计划，包括参加培训课程、开展研究项目、参与学术服务等。最后，评估和调整。定期评估个人发展计划的执行情况，根据需要进行调整和改进。

第二节　高校青年教师创新能力的培养路径探索

高校青年教师的创新能力是他们职业发展中的重要一环。这种能力在教学和科研领域都具有关键意义：第一，创新思维能力。高校青年教师需要具备广泛的创新思维技能，包括差异创造性思维、探索式创新思维、优化式创新思维、否定式创新思维等。这些技能使他们能够迅速识别问题的类型、深入挖掘问题的本质，并提出创新性的解决方案。此外，他们应积极采用新的教学方法，完善已有策略，并提出新颖的教学设计，以不断改进教育质量。第二，创新智力化能力。这意味着高校青年教师需要能够将自己拥有的知识与创新知识结合起来，将这些知识直接转化为教学创新和科研创新的能力。这需要他们具备良好的知识整合和应用技能，以便在实践中运用新知识来解决问题和推动教育和科研的发展。第三，创新人格化能力。这包括教师的创新意识、创新思维、创新意志和创新品格。创新意识是激发教师产生创新行为的动机和心理活动，包括创意、创新冲动和创新需求。创新思维则是内在动力，是对目标的追求，是对创新的意愿和使命感。同时，创新品格也至关重要，包括好奇心、想象力、挑战精神和冒险精神，这些品质能够推动教师勇于尝试新方法和面对不同的教育挑战。"教师的创新人格化能力是后天获得的，它影响到教师创新活动的动力和方向。"[1] 高校青年教师创新能力的培养路径主要从以下方面探讨：

一、高校青年教师创新能力的发展路径

教师创新能力发展路径可以分为以下五个阶段：

第一，新手（novice）。在教育领域，新手阶段代表着教师职业生涯中的最初阶段，充满了不安和不确定性。在这个阶段，新手教师的创新能力正处于初级阶段，他们缺乏实际的创新经验，对于如何有效地进行教学常感到摸不着头脑。新手们渴望详细的教学指导，因为他们害怕面对问题，往往会回避挑战，无法准确地判断自己的教学方法是否科学可行。他们对导师的依赖感较强，因为导师在这个阶段扮演着至关重要的角色，能够提供关

---

[1]　董本云，刘君义. 高校青年教师创新能力培养路径分析 [J]. 现代教育科学，2020（4）：83.

键的指导和支持。为了逐渐摆脱新手的标签，他们需要积累正确充足的信息，不断积累实践经验，逐渐掌握教学规律，最终获得更高水平的教学能力。

第二，进步的新手（advanced beginner）。在进步的新手阶段，青年教师已经不再是完全的新手，他们开始寻找解决问题的方法，并且能够更好地应对教育领域的挑战。虽然解决问题的能力有所提高，但他们的分析和抽象能力仍然有一定的不足。在这个阶段，青年教师通常会模仿高水平的教师，比较分析他们的教学设计，以提高自己的教学方法。他们努力提高教学设计的水平，不断反思自己的教学实践，更新教学观念，明确教学目标。这个阶段标志着教师职业生涯中的一个重要转折点，青年教师开始更自信地探索创新教学方法，同时保持对教育领域的持续学习和成长的渴望。

第三，胜任型（competent）。在成为一名胜任型教师方面，青年教师需要不断提升他们的教学能力和创新能力，以进入高水平。他们必须能够胜任并成功完成教学目标，包括设计难度较高的教学活动。此外，青年教师还应具备解决教学问题和发现新问题的能力。这意味着他们需要拥有全局观念，积累丰富的教学经验，并具备强大的临场应变能力。胜任型教师不仅是知识的传递者，还是教育者和问题解决者，他们的教学不仅是任务的履行，还包括在复杂情境下的灵活应对。

第四，精通型（proficient）。青年教师在迈向精通型阶段时，表现出更强的学习意愿和交流能力。他们愿意从他人身上学习，并将这些学习融入自己的教学实践中。此时，他们对教学全局性把握准确，具备了一种教学"直觉"，能够更好地预测学生需求和反应。精通型教师不仅能够内化显性知识，还能形成独特的教学经验和方法，使他们的教学更具个性化和有效性。他们在设计教学情境方面也能力较强，注重教学反馈和反思，持续优化自己的教育实践。

第五，专家型（expert）。专家级教师是教育领域的权威，他们具备卓越的教育能力。他们不仅能够提供多个解决方案，还不断完善和优化教学方法，使其达到最佳状态。专家级教师具备直觉性的问题识别能力，能够快速而准确地识别教学中的关键问题，并有能力应对复杂问题，直达问题的要害。此时，教学已经不再是一项任务，而是一种自觉自发的行动和状态，专家级教师将教育视为一种使命，为学生的成长和发展倾注了无限的热情和智慧。他们的教育影响深远，对学生和教育体系都产生了积极而持久的影响。

二、高校青年教师创新能力培养的实践路径

不同发展阶段的年轻教师需要不同的方法来培养他们的创新能力。教师的创新能力通常可以分为三个阶段：初始阶段、离散阶段和整合阶段。同样，有四种不同类型的培养路

径可供选择：第一种是由教师教学发展中心主导的方式，第二种是由教师教学发展中心诱导的方式，第三种是由教师教学发展中心提倡的自主方式，第四种是教师可以自由参与的方式。

首先，初始创新阶段的培养路径主要关注教师的创新能力在构建阶段的培养。在这个阶段，教师的创新活动往往是自发的，有时候也可能是无序的。教师们可能会进行教学设计创新和尝试新的教学方法，但这往往还没有形成系统化的模式。通常情况下，教师教学发展中心在这个阶段起到主导作用，他们会提供一些指导和资源，但青年教师的参与通常是被动的。在这个阶段，重点是培养教师的创新意识和初步的创新能力。

其次，离散创新阶段的培养路径更加注重教师的教学创新能力的进一步提升。在这个阶段，教师教学发展中心与教师们共同推进教学创新，通过合作和互动来促进创新的发展。政策也可能会鼓励专家和有胜任型创新能力的教师参与创新活动，以提供更多的支持和资源。与初始阶段不同的是，在离散创新阶段，青年教师会更加自主地参与培养，他们可以选择适合自己的培训和发展路径，教师教学发展中心则起到引导的作用。

最后，整合创新阶段的培养路径更加强调教师的自主性和创新能力的全面发展。在这个阶段，教师教学发展中心逐渐朝着服务导向的方向发展，为教师提供更多的支持和平台，以促进创新活动的开展。青年教师可以自主设计培训的主题和方案，更加灵活地参与培养活动。教师教学发展中心成为创新活动的主要动力来源，帮助教师实现创新能力的整合和提升。在这个阶段，教师们可以更加深入地参与教育改革和创新，为教育事业的发展做出更大的贡献。

第三节　高校青年教师科技创新能力的提升对策研究

青年教师是高校科技发展主力军，努力营造浓厚的学术氛围，打造实力雄厚的创新团队，加大科研启动经费和科研预研经费力度，加强科学研究实践，为青年教师提供一个公正竞争的学术环境。

第一，建立青年教师科技创新研究中心。设立高校青年教师科研基金，通过科技创新研究中心，搭建、整合青年教师的科技平台，加强学科交流和人才资源的优化配置，加大经费投入，更多提供项目、资金、设备仪器、试验环境等创新资源，创造良好合作机制、环境条件和工作氛围。青年教师要有相对集中的研究方向、明确的任务分工、对所承担的研究任务能投入足够的时间和精力。通过更多的创新实践，青年教师能够更好地成长。

第二，引导青年教师申报交叉学科与科技创新项目。国家自然科学基金资助项目的选题、论证及实施是一个富于创新的过程，青年教师应积极地参与。能否获得资助、资助率高低，选题是关键，在交叉学科上更容易找到创新点。青年教师知识结构不完善，主观上从事科技创新的积极性虽然高，但会受自身专业的限制，边缘交叉学科问题研究也会受到限制。国家自然科学基金项目的申请工作应作为一项重要任务常抓不懈，保证项目申请书撰写的质量，以提高资助率。

第三，鼓励青年教师撰写高质量论文。国家自然科学基金资助项目，通常可产出较高水平的科技论文，被 SCI（EI）核心检索。青年教师学术论文数量逐年增长，论文质量也有所提高，其被引用的频次是评价论文质量的重要指标。重要影响检索收录论文和引用率高论文，应加大奖励力度，促使高水平的科技成果不断产生，并作为教师课题申报、科技奖励、职称晋升等一系列评奖的重要指标。

第四，优化发明专利资助政策和奖励。提高专利资助成效，价值高的发明专利应提供更多经费保障和奖励。优化发明专利科技政策，青年教师以资助发明专利为主，激发青年教师的创新热情，逐步引导专利质量的提升，不要盲目追求专利申请和授权的数量。加大发明专利申请人申请与授权的资助费用，给予应用价值高、有望产业化的专利实施项目专项扶持。评聘专利指导专家，让专利指导专家重点帮助青年教师，提升青年教师专利授权质量。

第五，建立多学科创新团队。为了进一步提升高校青年教师科技创新能力，通过整合各种资源，培育和建设一批具有较强自主创新能力并能为经济社会发展解决重大科技问题的多学科创新团队。依托重点学科，不仅要有明确的自主知识产权的研究目标和标志性创新成果计划，还要有明确的技术实现路线和切实可行的研究方案。增强源头创新和争取承担国家各项重大科技项目的能力。

第六，大力推进科技成果转化和产业化。大力推进高校科技成果转化和产业化，与企业共建协同创新中心，组建产学研战略联盟，加快科技成果适应市场，并获得经济、社会效益。"更好履行高校培养人才、科学研究和服务社会职能，提升青年教师科技创新能力。"①

---

① 吴琴，吴大中，吴昕芸. 高校青年教师科技创新能力提升对策研究［J］. 科学管理研究，2015，33（3）：103.

第四节　工程教育认证背景下高校青年教师创新能力提升策略

工程教育质量监管体系的建立对我国的工程教育改革至关重要。其中，开展工程教育专业认证被视为关键一步，旨在构建完整的工程教育认证体系与注册工程师制度。这一举措的主要目标是推动工程教育的不断提升，以满足日益增长的工程领域需求，并提高我国工程人才的素质与实力。为了实现这一目标，必须建立相关机制，以提高适应性人才的培养。这包括加强我国教育体系的管理，以确保培养出更多具备国际竞争力的工程师和科学家。通过提升国民教育素质和实力，我国可以更快地迈向教育强国的目标，为国家的发展提供更为可持续的支持。

了解专业的未来发展趋势对于制订人才培养计划和工程认证至关重要。只有深入了解行业的发展方向，才能确保培养出适应未来需求的工程专业人才。因此，确定发展方向成为实施工程教育认证的前提之一。教师在工程教育中扮演着关键的角色，他们对学生的创新能力有着重要的影响。因此，培养教师的创新能力变得至关重要。只有具备创新思维和方法的教师才能够有效地传授给学生，并激发他们的创新潜力。在工程教育认证过程中，培养教师的创新能力成为亟须解决的关键问题之一。

第一，营造良好的青年教师创新能力发展环境。学校应该着重改善基础设施，包括更新教室、实验室和图书馆等教学场所，以提供现代化的学习条件。此外，完善信息网络系统，确保师生可以方便地获取和分享信息，从而促进创新的互动与合作。美化校园环境也是必要的，通过艺术装饰和绿化，创造一个愉悦的学习氛围，有助于激发学生和教师的创新精神。学校应该重视学术活动的创新。这包括推动科技创新和研究创新，通过举办学术讲座、研讨会和科研项目，扩展教师的学术视野，活跃学术氛围，从而激发教师的创新研究精神。此外，积极开展校园创新活动，如艺术展览、文化活动和科学竞赛，有助于提高审美情趣、文化品位、科学素质和人文素养，形成浓厚的创新氛围。学校还应该赋予各部门充分的自主权利，使教学过程更人性化。这意味着教师可以根据自己的创新思维和能力来设计教学方法和课程内容，从而激发他们的创新潜力。

第二，建立必要的青年教师创新能力训练机制。学校应该建立长期稳定的制度，确保教师能够获得持续的创新能力培训。这可以通过制订明确的培训计划和预算来实现，以保障培训资源的稳定供应。创新教育应该贯穿教师培训的始终。学校可以提供针对创新思维和方式的培训课程，帮助教师掌握创新教育的方法和技巧。这包括教授创新的教育理论、教学策略和教育科技的应用等内容，以提高教师的创新能力。

根据不同教师的需求，学校应该构建整体化、网络化的创新培训框架。这意味着培训应该个性化，根据教师的特点和需求来订制。通过提供多样化的培训课程和资源，学校可以满足不同教师的需求，帮助他们不断提升创新能力。此外，培训内容还应该包括提高教师教学手段、教学技能、研究能力和现代教育观念的培养。这有助于教师更好地应对不断变化的教育需求和挑战。学校应该采取多途径、多形式的培训，注重培训的灵活性与多样性，以提高培训的有效性。这可以包括在线培训、研讨会、导师制度和实际教学实践等多种方式，以满足教师的不同学习偏好和需求。

第三，建立有效的青年教师创新能力发展激励机制。学校可以优化教师业绩评定体系，增加其透明度，以提高教师的心理状态和增强他们的创新能力。通过公平的评价体系，教师将更有动力去尝试新的教学方法和策略，因为他们知道他们的努力将被公正地认可。改善绩效奖励制度也是激发青年教师斗志和挑战精神的重要一环。学校可以设立奖励机制，奖励那些在教育创新方面表现出色的教师。这将鼓励教师更加积极地追求卓越，为学生提供更好的教育。赋予教师更多的自主权，鼓励他们解决问题和创新教学方法。学校可以提供更多的自由度，让教师有机会尝试新的教育方法，而不受过多的规定和限制。这将有助于增强他们的创新能力，提高教育质量。同时，减少不必要的规定和限制也是增强教师创新能力的关键。过多的规定和限制可能会束缚教师的创造力，限制他们尝试新的教学方法。因此，学校应该审查并简化相关规定，以便让教师更自由地发挥他们的创新潜力。强化创新绩效监督也是重要的一步。对那些不接受创新思维的教师，学校可以采取批评和开除等措施，以保持教育的创新动力。这将确保只有那些积极参与创新的教师才能继续在教育领域发展。

第四，青年教师应具备创新意识和创新精神。学校应该努力培养创新意识和创新精神。教师需要明白创新对教育的重要性，并积极追求新的教学方法和策略。激发求知欲与好奇心也是培养创新意识的重要一环。青年教师应该不断追求知识，保持好奇心，以便能够不断改进他们的教育实践。破除固有思维模式，融入创新意识，并不断自我完善。青年教师应该勇敢地挑战传统的教育方式，寻求新的方法和理念，以提高教育质量。此外，培养勇于实践、坚定理想和信念的精神也是非常重要的。创新不仅是理论上的概念，还需要勇气去实践，坚持自己的理想和信念，不被困难和挫折所阻挠。将创新融入心中，扫除障碍，实现人生目标也是培养青年教师创新能力的关键。

第五，青年教师应注重知识的积累与更新。知识积累与更新是青年教师的基础。他们应该不断积累和更新知识，因为创新需要渊博的知识基础。随着世界科技的迅猛发展，文化传输和学科知识传播也发生了飞速的变化，各学科交叉与融合增强。因此，青年教师需要保持与时俱进，不断学习新知识，以便更好地应对不断变化的教育环境。

青年教师应认识到学习是一生的责任。教育领域不断发展，教师需要不断提高创新能力，以更好地满足学生的需求。思维和思想是创新的支柱。创新活动的思维和思想是关键，它意味着推陈出新，提高以往观念或想法。因此，青年教师需要培养创新的思维方式，不断挑战传统观念，寻找新的教育方法和策略。此外，青年教师还应主动寻求创新培训机会。他们可以参加各种培训课程，学习创新的教育方法和技巧。同时，多方面的知识摄取也是关键。青年教师应该广泛阅读各类书籍，开阔思维视野，将科研创新融入教学，以提高自己的综合素质。参与学术活动也是提高创新能力的有效途径。青年教师可以参加学术会议、高层次培训、交流讲学等活动，了解尖端知识，与同行交流经验，改良教学模式，增加教学知识的广度和深度。通过与其他教育专业人士的互动，青年教师可以不断汲取新的灵感和创新思路，提高自己的教育水平。

总而言之，提升高校教师的创新能力是一个复杂且具有挑战性的任务。这不仅依赖于教师自身的积极性，还需要获得来自外部环境和政策的积极支持和引导，例如政府、高校和社会应该支持教师的创新能力发展。只有在教师个人努力与外部环境的积极支持共同作用下，高校教师的创新能力才能不断提升，从而培养出更多具备多方面创新能力的人才，进一步满足工程教育认证对学生创新能力培养的要求。

参考文献

[1] 陈英文. 教育信息化背景下高校教师专业发展研究 [M]. 北京：中国人口出版社, 2014.

[2] 董本云, 刘君义. 高校青年教师创新能力培养路径分析 [J]. 现代教育科学, 2020 (4): 83.

[3] 杜思民. 高校青年教师的身份建构与专业发展 [M]. 开封：河南大学出版社, 2019.

[4] 范喜艳. 地方高校青年教师信息化教学能力提升研究 [J]. 科技展望, 2016, 26 (20): 350.

[5] 耿敬, 李明伟, 胡振红, 等. 工程教育认证背景下高校青年教师创新能力提升策略探究 [J]. 教育现代化, 2018, 5 (32): 136.

[6] 韩洁芳. 高等学校科技国际化研究 [D]. 大连：大连理工大学, 2016.

[7] 何克抗, 吴娟. 信息技术与课程整合 [M]. 北京：高等教育出版社, 2012.

[8] 何荣杰, 张明艳. 课堂教学设计 [M]. 北京：北京邮电大学出版社, 2014.

[9] 黄海涛, 葛欣. 高校初任教师专业发展需求的结构及问卷编制 [J]. 江苏高教, 2019 (19): 83-86.

[10] 雷炜. 高校青年教师专业发展特征、现状及策略 [J]. 教育理论与实践, 2018, 38 (24): 41.

[11] 李华. 地方高校青年教师专业发展研究 [M]. 成都：西南交通大学出版社, 2014.

[12] 李婷. 高校艺术类专业青年教师科研能力提升的策略研究 [J]. 江西电力职业技术学院学报, 2023, 36 (1): 115-117.

[13] 梁君思. 高校青年教师专业发展问题研究 [M]. 南昌：江西人民出版社, 2013.

[14] 林浩亮, "高原期"教师专业发展——以教师专业发展学校为平台 [J]. 继续教育研究, 2014 (1): 87.

[15] 马见青, 邵广周, 包乾宗. 高等学校青年教师科研能力培养途径探索 [J]. 科教文汇 (中旬刊), 2021 (17): 14.

[16] 裴正兵, 田彩云. 高校教师科研成果转化教学案例意义、基础与模式研究 [J]. 高教学刊, 2018 (17): 83.

［17］彭刚. 青年教师科研能力提升机制探索［J］. 中国高校科技，2016（5）：24.

［18］彭阳红. 高校青年教师教学发展的困境与对策［J］. 高教论坛，2018（11）：56.

［19］瞿堃，钟晓燕. 教育信息化概论［M］. 重庆：西南师范大学出版社，2012.

［20］全快. 数字化环境下高校青年教师的信息化教学能力建设与研究［J］. 教育信息化论坛，2020，4（1）：6-7.

［21］史进. 我国高校教师专业发展探究［M］. 北京：中国商务出版社，2015.

［22］宋美喆. 高校青年教师信息化教学能力的评价体系与提升对策研究［J］. 中国管理信息化，2020，23（11）：233.

［23］宋琼，朱晓薇，王春燕. "互联网+"时代高校教师信息化教学能力提升的研究与实践［J］. 山东化工，2018，47（17）：146-147.

［24］宋阳. 高校教师培训与专业发展研究［M］. 济南：山东大学出版社，2022.

［25］孙李红，范洪霞，曲玉玲，等. 信息化背景下高校青年教师教学能力提升方式与途径研究［J］. 作家天地，2021（9）：134.

［26］田晓庆. 民办高校教师专业发展项目设计与实施——以长春财经学院为例［J］. 高教论坛，2019（4）：85.

［27］吴琴，吴大中，吴昕芸. 高校青年教师科技创新能力提升对策研究［J］. 科学管理研究，2015，33（3）：103.

［28］谢红星，文鹏. 高等学校青年教师专业发展能力提升研究［M］. 武汉：武汉大学出版社，2022.

［29］杨斌，李红英. 新时期高校教师专业发展理论与实践探究［M］. 北京：新华出版社，2016.

［30］杨锴，黄诗童. 高校青年教师创新能力识别及发展模式研究［J］. 中国高校科技，2021（Z1）：85.

［31］张宁. 高校教师专业发展论［M］. 长春：吉林大学出版社，2012.

［32］张英杰. 高校青年教师信息化教学能力评价及提升策略［J］. 金华职业技术学院学报，2019，19（3）：1-8.

［33］赵建玲. 高校教师专业发展策略研究［M］. 长春：东北师范大学出版社，2019.